HEYNE
ENCORE

BILL GRIFFIN

The Wish

Das Buch der 99 Wünsche

Aus dem Englischen von Berni Mayer

Wilhelm Heyne Verlag
München

Die Originalausgabe
The Wish. The 99 things we think we want most
erschien 2017 bei Constable, an imprint of Little,
Brown Book Group, London

MIX
Papier aus verantwortungsvollen Quellen
FSC® C083411
FSC www.fsc.org

Verlagsgruppe Random House FSC® N001967

Printed in Germany
Redaktion: Thomas Brill
Umschlaggestaltung: Nele Schütz Design, München
Satz: Satzwerk Huber, Germering
Druck und Bindung: CPI books GmbH, Leck
ISBN: 978-3-453-27126-5
www.heyne-encore.de

I wish I was a little bit taller,
I wish I was a baller

Skee-Lo

Inhalt

Vorwort

Vor ungefähr 1.400 Tagen habe ich eine App namens Crowdwish gelauncht. Sie basiert auf der – zugegeben wenig originellen – Annahme, dass alle Menschen auf dieser Welt Vorstellungen, Hoffnungen und Zukunftspläne hegen. Ich habe mich gefragt, ob es ihnen helfen würde, diese Wünsche miteinander zu teilen.

In der App konnte jeder User drei Wünsche äußern, und um den beliebtesten habe ich mich dann gekümmert. Und das alle 24 Stunden.

Aus aller Welt regnete es Wünsche: fröhliche, alberne, melancholische, lustige und herzzerreißende. Bisher habe ich um die 30.000 E-Mails erhalten und antworte auch weiterhin auf jede einzelne persönlich, was nicht ganz unaufwendig ist. Interessanterweise geht es bei den meisten Wünschen um ganz alltägliche Dinge, nur selten handelt es sich um wehleidiges Gejammer wie »Ich wünschte, ich könnte fliegen« oder »Ich wünschte, ich könnte mit Ryan Gosling schlafen«.

Stattdessen wünschen sich die Menschen ein besseres Verhältnis zu ihren Eltern, die leckersten Torten, den Mut, ihrem Chef die Meinung zu geigen, oder die ideale Location für ein Liebeswochenende.

Dieses Buch beschäftigt sich mit 99 der beliebtesten Wünsche und damit, wie sie am ehesten in Erfüllung gehen könnten. Es steht euch mit Rat und Tat beim Erreichen eurer Ziele zur Seite, egal welcher Art.

Falls ihr mit irgendeinem Wunsch nicht weiterkommt, mailt uns einfach – wir helfen euch, so gut wir können.

Leider gilt: Jeder hat nur einen Wunsch. Sorry, aber da müssen wir streng sein.

Die E-Mail-Adresse dafür bleibt immer dieselbe:
help@crowdwish.com

1

Ich wünschte, ich wäre Millionär

Wären wir das nicht alle gern?

Der schnellste Weg zur ersten Million ist die eigene Firma, und das war noch nie mit so wenig Kosten und Aufwand verbunden wie heute. So geht's:

1. Yoda hatte recht: Du es tun oder es lassen bleiben. Der Versuch genügt nicht. Redet nicht darüber, was ihr vorhabt, das ist sinnlos. Redet darüber, was ihr just in diesem Moment tut. Was ihr heute noch tut.
2. Sucht euch einen Mentor. Jemanden, der die Branche kennt und an eure Vision glaubt. Er oder sie ist euer Sounding Board, eure persönliche Meinungsumfrage.
3. Denkt immer ans Pareto-Prinzip: 80 Prozent eurer Erträge stammen aus 20 Prozent eures Gesamtaufwands. Was heißt das für euch? Findet es heraus.
4. Erschafft etwas, von dem hundert Leute begeistert sind, statt etwas, das tausend Leute ganz okay finden.
5. Findet die Lösung für ein tatsächliches Problem. Am besten für eins, das ihr selbst mal hattet. Eine Menge cleverer Geschäftsideen bestehen aus der Generalüberholung eines schwachbrüstigen Produkts oder eines mangelhaften oder benutzerunfreundlichen Services.

6. »Hm, klingt ganz cool« ist keine positive Bewertung. Eure Freunde wollen nur nett zu euch sein. Sorry, aber das ist die Wahrheit.
7. Irrtümer und Probleme machen euch nur standhafter. Es bringt nichts, deprimiert zu sein oder in Selbstmitleid zu versinken. »Was dich nicht umbringt, macht dich nur stärker«, hat Nietzsche damals nach einem stressigen Achtzehn-Stunden-Tag gemurmelt (an dem er versuchte, sein Start-up in die Gänge zu bringen – eine App, die die menschliche Existenz von jeglichem Sinn und Wert befreit).

Geht es nach Bill Gates, könnt ihr tatsächlich ALLES schaffen, egal wie alt ihr seid oder wo ihr herkommt. Schließlich hat er mal behauptet: »Wenn du arm geboren wurdest, ist das nicht deine Schuld. Wenn du arm stirbst, ist es deine Schuld.« Momentchen, Bill ... du hast leicht reden mit deinen 80 Milliarden Dollar. Wie wär's mit ein bisschen Mitgefühl für uns kleine Leute?

Wenn ihr trotz unserer Binsenweisheiten hier nicht weiterwisst, schickt uns eine Mail, und wir senden euch eine Geschäftsidee, mit der man in den nächsten drei Jahren über fünf Millionen Euro Umsatz erzielen kann, wenn man es richtig anstellt.

Wahrscheinlichkeit, dass die Erfüllung dieses Wunsches glücklich macht:
Ziemlich hoch. Allerdings nicht, weil ihr jetzt zwei SUVs und eine eigene Ski-Hütte besitzt. Wahres Glück erfährt, wer etwas schafft, das auch anderen nutzt. Darauf muss eure Business-Idee abzielen, das Geld ist nur ein Nebeneffekt. Sorry, wenn euch das zu sehr nach Bergpredigt klingt.

2

Ich wünschte, ich wäre nicht so verkatert

»Ich bin mit dem Gefühl aufgestanden, ich hätte nur noch fünf Minuten zu leben«, beschreibt der Romanheld Bertie Wooster seinen Kater. Nagel auf den Kopf. Ein Kater ist die Hölle.

Wie jeder weiß, ist Alkohol harntreibend. Das bedeutet, er entzieht dem Körper Flüssigkeit. Deshalb führt erhöhter Alkoholkonsum grundsätzlich zu Dehydration, und die ist für die meisten Symptome eines Katers verantwortlich.

So haltet ihr euren Kater im Zaum, wenn ihr das nächste Mal ausgeht:

- Stärkt euren Magen mit einer kräftigen Mahlzeit, bevor ihr das Haus verlasst. Weiß eigentlich jeder, beachtet aber niemand. Dabei macht es einen Riesenunterschied.
- Denkt dran, den Abend über jede Menge Wasser zu trinken. Gähn.
- Trinkt nicht zu viel durcheinander, auch wenn das nach Spielverderber klingt. Und lasst es auf dem Dancefloor langsam angehen. Die Wissenschaft lehrt uns, dass man nur noch mehr austrocknet und damit schneller Energiereserven aufbraucht, wenn man sich völlig verausgabt.

- Trinkt am nächsten Tag nicht zu viel Kaffee, denn auch der ist harntreibend. Trinkt eine Sprite, denn eine chinesische Studie mit 57 verschiedenen Getränken hat ergeben, dass Limonaden aus Zitronen oder Limetten den Alkohol schneller aus eurem Blutkreislauf vertreiben und ihr euch dadurch schneller erholt.
- Viele Leute schwören auf Bananen-Smoothies oder Milchshakes zusammen mit einem reichhaltigen Frühstück aus Eiern und Fleisch. Beides ist reich an Aminosäuren und gibt euch einen zusätzlichen Kick.
- Auch Sport kann gegen Kater helfen, sofern ihr euch dazu schon in der Lage fühlt. Andererseits hilft auch Schlaf, das ist weniger anstrengend und unendlich viel schöner.

»Alkohol trinken ist, als würde man sich vom nächsten Tag ein bisschen Spaß borgen«, hat mal jemand gesagt. Schon traurig, dass unser Körper uns für eine gute Zeit bestraft. Erzkatholisch von ihm.

Wenn ihr euch mies fühlt und es irgendwie durch den Tag schaffen müsst, schreibt uns, und wir senden euch ein Rezept zur Katerbekämpfung.

Wahrscheinlichkeit, dass die Erfüllung dieses Wunsches glücklich macht:
Dieses Glück ist nur flüchtiger Natur. Allerdings sollte man nie unterschätzen, was für eine grausige Erfahrung ein ausgemachter Kater ist.

3

Ich wünschte, wir könnten **ein Liebeswochenende** zusammen verbringen

Ein Liebeswochenende ist teuer, zügellos, irgendwie anrüchig, ziemlich fantastisch und tut den meisten Beziehungen ungemein gut. So wird's perfekt:

Macht ein Ritual daraus. Egal ob ihr einundzwanzig oder achtundsechzig seid, verheiratet oder frisch verliebt – bleibt dabei. Auf diese Weise könnt ihr kurzfristige Erotik mit dem tief greifenden Gefühl von Geborgenheit verbinden.

Macht euch keinen Stress. Diese Art von Verabredung bringt manchmal einen gewissen Druck mit sich. Bin ich sexy genug? Bin ich schick genug fürs Abendessen? Wird das Ganze eine herbe Enttäuschung? Dabei zählt nur, wie nah ihr euch seid. Sagt es eurem Partner ruhig vorher, wenn ihr nervös seid. Lasst ihn wissen, was euch durch den Kopf geht. So bleibt er am ehesten daheim. Der Kopf, nicht der Partner. Das wäre dann doch ziemlich unhöflich.

Lasst euch gehen. Das ist *die* Gelegenheit, nicht Alltägliches auszuprobieren. Dinge, die ihr euch insgeheim wünscht. Steht dazu. Das Familienleben könnt ihr getrost ausblenden, also unterhaltet euch bitte nicht über den schrägen Geschichtslehrer eurer Kinder.

Auch wenn das kontraproduktiv klingt: Bleibt nicht den ganzen Tag im Bett. Die Stimmung über 48 Stunden am Knistern zu halten ist gar nicht so einfach. Macht einen Strandspaziergang, geht in den Fitnessraum. Seid altmodisch. Liegt das nicht eh gerade im Trend?

Macht das Ganze zu einer Paartherapie. Natürlich müsst ihr den richtigen Moment erwischen, aber das ist eine hervorragende Gelegenheit, um über Stärken und Schwächen in eurer Beziehung zu reden. Es muss ja nicht gleich ein Krisengespräch daraus werden. Für jede Schwäche zählt ihr einfach fünf altbewährte Stärken eures Partners auf. Nutzt die Intimität zu eurem emotionalen Vorteil.

Findet einen passenden Ort, es muss ja kein Luxushotel sein. Manchmal ist eine Billigpension in der Walachei anregender als das kitschigste Fünf-Sterne-Ambiente. Reist mit leichtem Gepäck. Schickt uns eine Mail, und wir empfehlen euch ein Liebesnest in eurer Nähe.

Wahrscheinlichkeit, dass die Erfüllung dieses Wunsches glücklich macht:
Kurzfristig sehr hoch. Es ist eine Chance, sich neu kennenzulernen und den Alltag für kurze Zeit hinter sich zu lassen. Und das kann auch langfristig einen positiven Effekt auf die Beziehung haben.

4

Ich wünschte, die Menschen würden sich ihre Gefühle füreinander eingestehen

Dieser vollkommen gerechtfertigte Wunsch stammt von Menschen, die für einen aufrichtigeren Umgang miteinander plädieren. Sie stellen sich eine Welt vor, in der man jemandem ins Gesicht sagt, dass man ihn mag oder vermisst oder sonst etwas von ihm will.

Im Grunde ein simples Bedürfnis, und doch kennen wir alle die Spielchen, falschen Fassaden und unterdrückten Gefühle in Beziehungen.

Dahinter steckt immer die Angst vor Zurückweisung, wenn wir uns so zeigen, wie wir wirklich sind, unsere wahren Gefühle und unsere verletzliche Seite offenbaren. Der Gedanke daran erschreckt uns, also halten wir uns lieber bedeckt, geben uns ambivalent und tun so, als ob wir nichts empfinden. Alles in dem fehlgeleiteten Bestreben, uns selbst zu schützen.

Dabei handelt es sich hier noch nicht einmal um einen sinnvollen Schutzmechanismus, sondern lediglich um einen nicht zu unterdrückenden Urinstinkt. Der zeitgenössische Philosoph Alain de Botton drückt das so aus:

»Jede Verliebtheit ist der Sieg der Hoffnung über die Selbsterkenntnis. Wir verlieben uns, weil wir hoffen, in dem anderen nicht das vorzufinden, was in uns steckt: Feigheit und Schwäche, Faulheit und Unehrlichkeit, falsche Kompromisse und Dummheit. Wir errichten eine Absperrung der Liebe um unseren Auserwählten und legen fest, dass es innerhalb dieser Zone keine negativen Eigenschaften geben darf. Wir suchen in dem anderen eine Perfektion, die wir selbst in uns nicht finden können. Durch die Einheit mit jemand anderem halten wir (wider besseres Wissen) den so entscheidenden Glauben an unsere Spezies am Leben.«

Eine gute Beobachtung. Wenn ihr eure Gefühle möglichst unkompliziert und eindeutig ausdrücken wollt, dann schickt uns die Postadresse der betreffenden Person und was ihr diesem Menschen mitteilen möchtet. Vielleicht handelt es sich um jemanden aus eurer Vergangenheit, der wissen sollte, was er mal für einen Eindruck auf euch gemacht hat. Oder um jemanden aus der Gegenwart, der gerne wissen würde, was ihr denkt. Wir verschicken in jedem Fall eine wunderschöne handgefertigte Postkarte mit eurer Botschaft darauf. Dann seht ihr ja, was passiert.

Wahrscheinlichkeit, dass die Erfüllung dieses Wunsches glücklich macht:
Mal sehen. Wie eben schon gesagt: Lasst es einfach drauf ankommen, vielleicht verändert es sogar euer Leben. Oder ihr könnt euch zumindest kurzzeitig so geben, wie ihr seid, und sagen, was ihr denkt und wollt.

5

Ich wünschte, ich wäre sportlicher

Wer keinen natürlichen Hang zum Sporttreiben verspürt, für den kann das Ganze schnell zur Tortur werden.

Selbst wenn ihr – wie im Prinzip jeder – gerne sportlicher wärt, geht das nicht ohne die richtige Einstellung. Ansonsten scheitert ihr an euren Vorsätzen, und euer Ehrgeiz verpufft wieder. Zugegeben, wir können das absolut nachvollziehen – manchmal laugt einen allein der Gedanke an Sport aus.

»Das Wissen, was einem guttäte, und der Wille, etwas dafür zu tun, reichen nicht, um sein Verhalten grundlegend zu ändern. Das Sprichwort ›Der Weg zur Hölle ist mit guten Vorsätzen gepflastert‹ kann wissenschaftlich belegt werden. Es gibt einen gravierenden Unterschied zwischen unseren Absichten und unserem Verhalten«, sagt der Psychologe Dr. Falko Sniehotta von der Universität Aberdeen.

Wir zeigen euch in fünf einfachen Schritten, wie ihr am besten euren inneren Schweinehund überwindet:

1. Erstellt ein tägliches und leicht durchführbares Trainingsprogramm und bleibt mithilfe von Jerry Seinfelds Produktivitätsgeheimnis (bitte googeln) jeden Tag bei der Stange. Klingt banal, funktioniert aber prächtig, weil einfach und effektiv.

2. Setzt euch ganz bestimmte Ziele. Es genügt nicht, nur zu sagen: »Ich will sportlicher werden.« Eure Erfolge müssen messbar sein. Protokolliert eure Übungen, stellt euch Aufgaben und zählt Kalorien. Es gibt Hunderte von Apps, die das für euch übernehmen.
3. Gestaltet euer Training gesellig und unterhaltsam. Fällt euch schon der Gedanke an Laufen oder Fitnessübungen schwer, minimiert das eure Erfolgsaussichten. Findet einen Partner, der euch motiviert und mitreißt, wenn ihr gerade mal nicht rauswollt. Ein Laufpartner, ein Fitness-Kumpel oder ein Tennis-Gegner kann das Zünglein an der Waage sein.
4. Achtet darauf, wie ihr euch danach fühlt. Es ist immer wieder sensationell, wenn der Körper bei physischer Anstrengung Endorphine ausschüttet. Sucht diesen Rausch.

Bleibt aktiv. Ständig. Verfallt nicht in Panik, wenn ihr ein bisschen nachgelassen habt, aus dem Rhythmus geraten seid oder eine ganze Woche nicht trainiert habt. Das darf keine Entschuldigung sein, ganz aufzuhören. Denkt nicht mehr an gestern, sondern geht heute noch zum Sport. Schreibt uns eine E-Mail, und wir schicken euch ein paar Übungen, die man überall machen kann.

Wahrscheinlichkeit, dass die Erfüllung dieses Wunsches glücklich macht:
Extrem hoch. Sportliche Betätigung und Zufriedenheit mit dem eigenen Fitnessgrad sind wichtige Komponenten des allgemeinen Wohlbefindens.

6

Ich wünschte, die Leute auf Facebook wären nicht so nervig

Hier kommt eine Typologie der lästigsten Social-Media-User. Und wie ihr gleich sehen werdet, kann da jeder vor der eigenen Hütte kehren.

- Leute, die ein Bild ihres Bekannten posten, wie er oder sie doof in die Kamera guckt. Darunter steht: »Abendessen mit XY«. Nichts nervt so dermaßen wie unbekannte Namen auf Facebook. Wieso muss dem sicher furchtbar netten, aber letztlich vollkommen belanglosen Mitesser gleich eine Art Legendenstatus verliehen werden?
- Leute, die Hashtags wie *#blessed* oder *#dankbar* verwenden. Das ist doch nur ein Deckmantel für hemmungslose Angeberei. Oder der unbeholfene Versuch, sich als Anhänger einer pseudo-asiatischen Philosophie hervorzutun, deren Kernaussage »Dankbar für jeden neuen Tag« lautet.
- Leute, die nicht aufhören, sich über Donald Trump zu echauffieren. Wir haben's ja verstanden. Ihr seid keine Rassisten und wisst Bescheid über die politische Landschaft der USA. Bravo. Note 1 in Ethik.

- Ebenso alle, die über den Brexit jammern. Ja, ihr wärt lieber in der EU geblieben, weil ihr modern und inklusiv denkt, aber müsst ihr wirklich »Ich kann nicht aufhören zu weinen« schreiben? Ernsthaft? Da könnt ihr ja gleich »Ich bin wirklich sehr verantwortungsbewusst und sensibel, also gebt mir gefälligst ein Like« posten und euch den Rest sparen.
- Leute, die ein Bild ihres Kaffeebechers posten, auf dem ihr Name falsch geschrieben steht. Der Hashtag dazu lautet #Epicfail. Verschont uns.
- Leute, die ein unfassbar dämliches Quiz posten, das ermittelt, welchem Charakter aus der TV-Serie *Friends* man am meisten ähnelt. Gratuliere, du bist zu vierzig Prozent Monica.
- Leute, die vollkommen belanglose Bilder mit »sprachlos« oder »unfassbar« untertiteln. Leute, die »Mein heutiger Ausblick vom Schreibtisch« unter ihre Urlaubsbilder schreiben. Leute, die »Internetz« sagen.
  Leute, die »Just saying« schreiben.

Wenn auch ihr im geistlosen Social-Media-Sumpf zu versinken droht, schreibt uns, und wir schicken euch eine Anleitung, wie ihr euch da Schritt für Schritt wieder rausziehen könnt.

Wahrscheinlichkeit, dass die Erfüllung dieses Wunsches glücklich macht:
Hoch. Haltet euch von Leuten fern, die soziale Medien nur für Applaus missbrauchen. Das ist nichts anderes als Eitelkeit, die sich ganz stümperhaft als Selbstlosigkeit oder Überzeugung ausgibt.

7

Ich wünschte, ich könnte Business Class fliegen

Leider ist es heutzutage nicht mehr ganz so einfach, ein Upgrade für die erste Klasse zu bekommen. Das liegt einfach daran, dass die Fluggesellschaften Kohle machen wollen und diese teuren Plätze lieber zum Last-Minute-Discountpreis verschleudern, statt sie herzuschenken. Das nervt.

Also was tun, wenn ihr keine Lust habt, den heftigen Aufpreis für einen bequemeren Sitz, ein bisschen mehr Beinfreiheit und marginal besseres Essen zu zahlen? Das hier:

1. Als Alleinreisende solltet ihr schon beim Check-in die Bereitschaft signalisieren, euren Platz zugunsten von Familienmitgliedern aufzugeben, die nebeneinander sitzen wollen.
2. Zieht euch schick an. Deshalb wird man natürlich nicht automatisch in die erste Klasse versetzt, aber mit Flip-Flops und Bermuda-Shorts lassen sie euch auf keinen Fall rein.
3. Fragt doch einfach direkt nach einem Upgrade, aber bleibt stets charmant und liebenswert.
4. Hat euch die Airline in der Vergangenheit schon mal Ärger beschert, dann gebt ihr die Möglichkeit, es wiedergutzumachen.
5. Habt gute Argumente. Vielleicht seid ihr besonders groß oder besonders schwanger. Beides könnte hilfreich sein.

6. Sucht euch eine Lieblings-Airline. Das Geld, das ihr über die Jahre dort ausgegeben habt, spricht immer noch die deutlichste Sprache.
7. Setzt euch in die Nähe eines Kleinkindes. Man kann sich nicht darauf verlassen, aber im schlimmsten Fall landet ihr neben einem brüllenden Baby und könnt sofort nach einem anderen Platz fragen. Vielleicht wird's der direkt neben dem Klo, oder aber euch winkt die erste Klasse.
8. Vergeudet eure Meilen und Upgrades nicht auf Kurzstreckenflügen. Auf die Langstrecke kommt es an. Wer einmal um die Erde fliegt, wirft seine Flugmeilen, geschweige denn sein Geld, doch nicht für Kurzstrecke zum Fenster raus.
9. Solltet ihr euch auf Hochzeitsreise, dem Weg zu einem 70. Geburtstag oder einem anderen Jubiläum befinden, teilt es der Fluggesellschaft mit. Ihr werdet nicht immer ein Upgrade bekommen, aber vielleicht ein Gläschen Champagner und eine kleine Aufmerksamkeit.

Wir wünschen euch viel Glück, und auch wenn die Chancen schlecht stehen, habt ihr mit unseren Tipps noch die besten Aussichten. Schreibt uns eine E-Mail, wenn ihr noch mehr Einzelheiten braucht.

Wahrscheinlichkeit, dass die Erfüllung dieses Wunsches glücklich macht:
Erstaunlicherweise ziemlich hoch. Obwohl nicht im Ansatz so bequem wie auf eurem heimischen Sofa, ist so ein Upgrade was Herrliches.

8

Ich wünschte, ich hätte nicht so einen Vollpfosten als Partner

Das ist ein äußerst beliebter Wunsch, meistens begleitet von Leidensgeschichten wie der vom frisch Sitzengelassenen, der sich das Namenssymbol der Ex auf den Bauch tätowieren ließ, um sie zurückzugewinnen. *Spoiler*: Hat nicht geklappt.

Es folgen in willkürlicher Reihenfolge zehn Charaktereigenschaften, über die euer Partner verfügen sollte, wenn er kein Vollpfosten sein will. Je mehr, desto besser. Er ist:

1. Freundlich. Euer Partner gibt euch nie das Gefühl, scheiße zu sein, und redet auch nie schlecht über eure Mutter. Er ist nicht schnippisch zur Bedienung, nur weil er euch beeindrucken will.
2. Lustig. Und zwar von Natur aus. Das ist nicht dasselbe, wie angetrunken und völlig von sich eingenommen beim Abendessen Zoten durch die Gegend zu brüllen.
3. Nicht verbohrt. Er ist nie herablassend oder salbadert über Politik und Zeitgeschichte.
4. Großzügig. Nicht zu verwechseln mit demonstrativ für alles bezahlen wollen, nur damit er hinterher einen geblasen bekommt.

5. In der Lage, intelligent über Gefühle zu sprechen, ohne sich ausschließlich mit den eigenen Gefühlen zu beschäftigen wie Bruce Willis bei seinem Gastauftritt in der TV-Serie *Friends*.
6. Dankbar. Er schätzt sich glücklich, eine Beziehung mit euch zu führen, und teilt euer Interesse an einer gemeinsamen Zukunft.
7. Interessant. Er kann einen eigenständigen Gedanken formulieren, ohne sich nur selbst reden hören zu wollen.
8. Aufnahmefähig. Ihr könnt streiten, ohne dass er nervig wird, zu Beleidigungen und Binsenwahrheiten greift, euch eure Vergangenheit vorhält oder euch absichtlich missversteht.
9. Kompetent im Bett. Er holt sich keine geschmacklosen Tipps aus der *GQ* und werkelt auch nicht stundenlang auf euch herum.
10. Vertrauenswürdig. Aber das können euch nur euer Instinkt und Einblicke in seine Vergangenheit sagen.

Natürlich kann man bei ein oder zwei Eigenschaften ein Auge zudrücken, aber bei mehr auch nicht. Vielleicht hilft es ja, diese Seite aus dem Buch zu reißen und sie zum ersten Date mitzunehmen.

Sonst mailt uns doch noch eine Kurzbeschreibung eures potenziellen neuen Partners, und wir sagen euch, ob er was taugt oder nicht.

Wahrscheinlichkeit, dass die Erfüllung dieses Wunsches glücklich macht:
Substanziell. Schließlich brauchen wir alle jemanden, den wir bedingungslos lieben können und der uns genauso zurückliebt.

9

Ich wünschte, ich könnte etwas gegen meine furchtbare Schwiegermutter unternehmen

Die nörgelnde und sich überall einmischende Schwiegermutter kennt man aus abgedroschenen Witzen und einfallslosen Sitcoms.

Im wahren Leben geht's eher zwischen Ehefrau und Schwiegermutter zur Sache. Die Ehefrau findet, dass die Schwiegermutter kontrollsüchtig und über die Maßen auf ihren Sohn fixiert ist. Eigentlich bräuchte sie eine Therapie, aber natürlich würde sie nie einwilligen, eine zu machen.

Die Schwiegermutter denkt, dass man sich nicht genügend um ihren kleinen Schatz kümmert, dass er furchtbar abgemagert aussieht und die Kinder sich aufführen wie Raubtiere.

Der überforderte Ehemann wird dabei instrumentalisiert und erleidet letztlich einen Gesichtsverlust in den Augen beider Frauen. Ziemlich verkrampfte Situation.

Traurig, aber wahr: Der Schwiegermutter begegnet man immer noch am besten mit Freundlichkeit, egal wie anmaßend, egoistisch und unsensibel sie sich verhält.

Vielleicht nur schwer vorstellbar, aber höchstwahrscheinlich entspringt ihr auf den ersten Blick nerviges und narzisstisches Benehmen nur einer gewissen Verlustangst. Dahinter verbirgt sich der Verlust ihrer eigenen bzw. die unterbewusste Eifersucht auf die neu gegründete Familie oder der Kummer darüber, dass ihre Lebenserfahrung und Erziehungsmethoden überflüssig geworden sind. Vielleicht hat sie auch Angst, dass ihr nicht mehr viel Zeit mit den Enkeln bleibt, oder Panik davor, ausgeschlossen oder gar ersetzt zu werden.

Mit etwas mehr Mitgefühl betrachtet, ist die Schwiegermutter jemand, den man unterstützen sollte, statt auf sie loszugehen. Dann wirken ihre Motive auch nicht mehr so zweifelhaft, ihre spontanen Ausbrüche nicht mehr so verletzend.

Probiert's doch bei den nächsten drei Schwiegermutter-Besuchen mal mit dieser Sichtweise, und wenn's nicht klappt, schicken wir euch maßgeschneiderte Tipps von jemandem, der erfolgreich diese haiverseuchten Gewässer durchschwommen hat.

Wahrscheinlichkeit, dass die Erfüllung dieses Wunsches glücklich macht:
Läuft. So lächerlich das Klischee der fiesen Schwiegermutter auch klingen mag, sie kann eine Ehe nicht nur belasten, sondern sogar ins Unglück stürzen. Sollte man unbedingt im Auge behalten.

10

Ich wünschte, Menschen mit **Drogenproblemen** würden nicht so ausgegrenzt

Wissenschaftliche Studien untermauern die allgemeine Meinung, dass Sucht eine heilbare Krankheit ist. Wenn das stimmt und Süchtige im Prinzip nichts anderes als Patienten sind, ist eine Gesellschaft, die Suchtkrankheiten stigmatisiert, alles andere als fortschrittlich.

Stigmata sind eine Reaktion auf Angst, Unwissenheit und Vorurteile – die negative Einstellung überheblicher Menschen, die Süchtige als unnormal verachten und finden, dass diese vom »intakten« Teil der Gesellschaft getrennt werden sollten.

Dabei sind die meisten Süchtigen Eltern, Arbeitskollegen und Geschwister. Sie gehen arbeiten, haben Freunde, genießen ihre Wochenenden, schätzen ihre Beziehungen und erfüllen eine gesellschaftliche Funktion. Das mag für manche ein Schock sein, aber die meisten sind einfach nur nette Menschen, die Medizin gegen Kindheitstraumata und ihre inneren Dämonen einwerfen. Natürlich sind nicht alle Süchtigen dufte Typen, aber das trifft auch auf die Nichtsüchtigen zu.

Abhängigkeiten sind viel zu komplex und allgegenwärtig, um sie zu verurteilen. Sie unterscheiden nicht zwischen Arm und Reich, Jung und Alt. Mehr denn je gelten Kokain,

Cannabis, Alkohol, verschreibungspflichtige Medikamente und sogar Heroin als Drogen der aufstrebenden Mittelklasse. Die meisten Drogensüchtigen wohnen eben nicht in schimmeligen Bruchbuden, setzen sich keinen Schuss mit einer virenverseuchten Nadel und finanzieren ihren Konsum auch nicht durch kriminelle Aktionen. Okay, manche vielleicht schon, aber die sind in der Minderheit.

Süchtige zu verteufeln hilft also niemandem. Tatsächlich verschlimmert es nur die Geheimnistuerei, für die man die Abhängigen oft anfeindet, und erschwert ihnen so den Zugang zu möglicherweise lebensrettenden Therapien.

Wenn ihr selbst Angst vor Abhängigkeit habt oder euch um jemanden sorgt, der euch nahesteht, dann schreibt uns, und wir schicken euch ein paar Vorschläge, wie man die Vorurteile überwinden kann.

Wahrscheinlichkeit, dass die Erfüllung dieses Wunsches glücklich macht:
Ziemlich hoch. Abhängige sind Menschen aus allen Lebensbereichen, die ihre Krankheit mit allen Mitteln bekämpfen. Es ist ein harter Kampf, wie sie euch bestätigen werden.

11

Ich wünschte, ich könnte **mich so akzeptieren,** wie ich bin

Die Akzeptanz der eigenen Persönlichkeit ist nicht dasselbe wie Selbstbewusstsein. Selbstbewusstsein zeigt an, wie gut wir uns finden. Selbstakzeptanz hat den vermutlich höheren Stellenwert, ist aber auch schwerer zu erlangen. Es geht darum, sich selbst als Ganzes zu begreifen und zu schätzen, und zwar in allen Facetten und Eigenschaften, nicht nur den positiven oder denjenigen, die das Selbstbewusstsein fördern.

Es geht um die Teile unserer Persönlichkeit, von denen wir vielleicht bisher nichts wissen wollten oder die wir verleugnet haben. Verständlicherweise, denn wir reden hier nicht über die angenehmsten Eigenschaften. Der Psychologe nennt es den »Schatten« einer Persönlichkeit, das Versteckte und Verbotene, das Eifersüchtige und Rachsüchtige in uns, mit dem wir uns selbst sabotieren.

Tatsächlich trägt jeder Mensch solche Züge in sich. Je mehr wir sie leugnen, desto weniger können wir uns selbst so akzeptieren, wie wir sind, und desto stärker werden diese Aspekte unserer Persönlichkeit unsere Entwicklung bremsen. Im Extremfall ergibt sich eine völlige Diskrepanz aus dem, wer wir sind und wofür wir uns halten. So schaffen wir uns eine fatale emotionale Scheinrealität, die uns auf verschiedenste Art und Weise schaden kann.

Um Selbstakzeptanz zu erreichen, bedarf es einer umfassenden Kenntnis und Anerkennung besagter Charakterzüge. Das hat weder mit Selbstgefälligkeit noch mit Resignation zu tun, beides würde nichts ändern. Es bedeutet, ihre Existenz nicht zu leugnen, sich trotzdem zu mögen, aber Schritte zu ihrer Überwindung einzuleiten. Was natürlich nicht funktioniert, wenn man ihre Existenz nicht wahrhaben will.

Falls es euch schwerfällt, euch selbst zu akzeptieren, dann steht zu euren destruktiven Eigenschaften und schreibt sie auf. Macht sie euch zu eigen, übernehmt Verantwortung für sie. Akzeptiert und verzeiht euch diese Charakterzüge, denn jeder ist letztlich nur eine Mischung aus den sogenannten »positiven« und »negativen« Eigenschaften. Niemand ist perfekt.

Selbstakzeptanz bedeutet, die Realität und unsere Rolle darin anzunehmen, egal ob sie uns schmeckt oder nicht. Glauben wir hartnäckig weiter an die falschen Dinge, nützt uns das tollste Selbsthilfe-Buch nichts.

Wahrscheinlichkeit, dass die Erfüllung dieses Wunsches glücklich macht:
Potenziell einschneidend. Wenn ihr Probleme habt, euch selbst so zu akzeptieren, wie ihr seid, sagt Bescheid – wir schicken euch etwas, das euch dabei hilft.

12

Ich wünschte, **Frauen** würden die Welt regieren

Unbedingt. Männer sind Arschlöcher. Sie lassen Babys fallen, lieben Automagazine, verschwinden drei Tage spurlos auf dem Weg zur Kneipe und rufen dann unter Tränen mit einer hanebüchenen Story über ein verlorenes Handy und »in letzter Zeit viel Stress auf der Arbeit« an. Oder bin ich der Einzige, der das so macht?

Frauen bilden die Hälfte der Weltbevölkerung, aber nicht im Ansatz die Hälfte aller Staatschefs. Von den hundert weltweit führenden Wirtschaftsunternehmen werden nur sieben von einer Frau geleitet. Tatsächlich gibt es in Großbritannien mehr männliche Führungskräfte mit dem Vornamen John als weibliche insgesamt. In den USA ist das Ganze noch unausgewogener, hier kommen auf 500 Topunternehmen lediglich 23 weibliche CEOs.

Es gibt jede Menge plausibler Argumente dafür, dass die Welt – die, wenn wir ehrlich sind, gerade nicht im besten Zustand ist – ein besserer Ort sein könnte, wenn mehr Frauen am Drücker wären. Es ist ja allgemein bekannt, dass Frauen anders kommunizieren: Sie hören zu, bemühen sich um Dialog und schaffen Konsens. Sie favorisieren Teamarbeit und verhalten sich inklusiv. Alles Eigenschaften, die Harmonie und Kompromissbereitschaft fördern, im Gegensatz zu maskulinem Gepolter und männlicher Dickköpfigkeit.

Wie formulierte die Body-Shop-Gründerin Anita Roddick das noch so schön?

»Ich leite meine Firma nach feministischen Grundsätzen wie Rücksicht, Intuition und der Loslösung von Hierarchien. Arbeit ist ein Teil des Lebens, sie muss Freude bereiten. Dazu kommen ein verantwortungsvoller Umgang mit Gewinnen und die Erkenntnis, dass Profit nie das Wichtigste ist.«

Das ist doch mal ein vernünftiges Konzept. Dennoch wäre es naiv und zu einfach, in jeder Frau den perfekten Manager zu sehen und ihre männlichen Gegenüber pauschal als aggressiv und unfähig abzustempeln. Eine Studie mit 5.000 britischen Arbeitnehmern hat ergeben, dass 45 Prozent aller weiblichen Chefs sich wie Tyrannen aufführen und 70 Prozent ihrer Opfer Frauen sind. Ein Jahr zuvor fand die British Association of Anger Management mittels einer Umfrage heraus, dass ein Fünftel aller weiblichen Führungskräfte regelmäßig die eigenen Angestellten anschreit oder beleidigt.

Unabhängig von diesen Pro- und Kontra-Argumenten tut sich was in Sachen Gleichberechtigung, sowohl in der Wirtschaft als auch in der Politik.

Und während es sich tut, könnt ihr uns ja schon mal schreiben, und wir schicken euch einen (humorvollen) Equal-Rights-Sticker.

Wahrscheinlichkeit, dass die Erfüllung dieses Wunsches glücklich macht:
Schwer zu sagen ohne echte Fakten. Lest doch mal The Power *von Naomi Alderman. Sie stellt sich eine Zukunft mit Frauen an der Macht vor und schreibt im Stile einer Margaret Atwood.*

13

Ich wünschte, ich könnte mich an meine Vorsätze halten

Umfragen haben leider ergeben, dass Vorsätze alles andere als produktiv sind, wenn man wirklich etwas ändern will.

Die Gründe hierfür sind ganz unterschiedlich. Entweder fassen wir zu viele Vorsätze, scheuen aber den Kraftaufwand, sie auch umzusetzen. Oder sie sind zu vage formuliert und lassen uns genug Spielraum, um uns herauszumogeln. Womöglich halten sich die Nachteile in Grenzen, wenn man sich nicht an die Vorsätze hält, und man fällt ohne größere Konsequenzen in alte Verhaltensmuster zurück.

Das eigentliche Problem ist doch, dass Willenskraft nur eine begrenzte Ressource ist, und zudem keine besonders zuverlässige. Sie erschöpft sich schnell, deshalb fällt es uns zum Beispiel auch schwer, uns an Vorsätze zu halten, sobald wir Hunger oder Müdigkeit verspüren. Unser Hirn schlägt Alarm, und die Willenskraft schwindet – ein völlig natürlicher und nachvollziehbarer Vorgang.

Ist man sich dessen erst einmal bewusst, erreicht man deutlich mehr, wenn man gewissen Verlockungen einfach aus dem Weg geht, statt zu versuchen, ihnen zu widerstehen. Darum meidet Situationen, die problematische Bedürfnisse in euch auslösen könnten. Steht noch Eiscreme im Kühlschrank, braucht ihr sämtliche Restwillenskraft bei dem Versuch auf, sie nicht zu essen. Menschen mit ausgeprägter Selbstkontrolle halten sich deshalb komplett von der Tiefkühlabteilung im Supermarkt fern, geschweige denn haben sie Eis zu Hause.

Um Willensstärke zu entwickeln, muss man sich erst seiner Willensschwäche bewusst werden und Methoden finden, sie auszutricksen und damit inneren Konflikten aus dem Weg zu gehen. Anders gesagt: Konfrontiert euch nicht mit Situationen, in denen ihr sämtliche Willenskraft verschwendet, um einer heftigen Versuchung zu widerstehen.

Es wäre natürlich Quatsch, den Leuten auszureden, sich etwas vorzunehmen. Wir empfehlen ja nur, sparsam mit Willenskraft umzugehen. Dann fällt das mit den Vorsätzen paradoxerweise gar nicht mehr so schwer.

Verantwortung ist ein weiterer wichtiger Faktor für Willenskraft. Wenn ihr euch also etwas fürs neue Jahr vorgenommen habt, lasst es uns wissen, und wir nerven euch mit regelmäßigen E-Mails, in denen wir eure Fortschritte abfragen.

Wahrscheinlichkeit, dass die Erfüllung dieses Wunsches glücklich macht:
Sieht gut aus. Hütet euch einfach fürs Erste vor unmittelbaren Verlockungen und denkt an die weisen Worte von Mae West: »In der Regel meide ich Versuchungen, außer ich kann ihnen nicht widerstehen.«

14

Ich wünschte, ich wäre organisierter

Jeder Mensch fühlt sich manchmal wie kurz vorm Ertrinken. Doch keine Angst. Haltet euch einfach an die folgenden drei Prinzipien und lasst euren – ähem – inneren Produktivitätshund von der Leine.

Der erste Schritt zum Bewältigen einer Aufgabe ist, überhaupt mit ihr anzufangen. Die russische Psychologin Bljuma Wulfowna Seigarnik hat im frühen 20. Jahrhundert tonnenweise Beweise dafür gesammelt, dass die meisten Menschen angefangene Aufgaben auch zu Ende bringen, selbst wenn sie dabei unterbrochen wurden.

Dafür gibt es einen einfachen Grund: Unerledigte Dinge kriegt man nicht aus dem Kopf. Erst wenn sie erledigt sind, verschwinden sie. Unser Gehirn ist darauf gepolt, angefangene Aufgaben zu Ende zu bringen, aber sich vor denen zu drücken, die noch nicht begonnen wurden. Also legt los und gesteht euch ein, wenn ihr anfangt zu prokrastinieren.

Produktivität bedeutet übrigens nicht, einfach nur eine Liste abzuarbeiten. Ihr müsst die wirklich wichtigen Aufgaben angehen, die mit den größten Auswirkungen auf euer Leben. Alles auf die Reihe kriegen zu wollen ist eher unproduktiv und sorgt für Stress und Versagensangst. Lasst keine Panik aufkommen, sondern entspannt euch. Ihr müsst einfach nur wissen, auf welche Faktoren es ankommt, um eine Aufgabe bestmöglich zu absolvieren.

Lasst euch nicht von der Vorstellung von Perfektion lähmen. Nicht dass wir hier für Schludrigkeit plädieren, aber »endlich fertig« ist wesentlich besser als »theoretisch perfekt«. Neue Technologien und gemeinschaftliche Arbeitsmethoden erlauben es uns immer öfter, die Dinge selbst nach ihrer Fertigstellung noch zu optimieren – in der Regel unter Anleitung jener, deren Meinung wir schätzen, wie Arbeitskollegen, Kunden oder entsprechende Experten. Werdet einfach fertig und erspart uns die lahmen Ausreden, ihr faulen Schweine. Okay, das ging jetzt zu weit.

Egal, für wie unorganisiert ihr euch haltet, wir können helfen. Schreibt uns einfach eine Mail, und wir senden euch eine geniale Produktivitätstechnik, die euer Leben von Grund auf verändern könnte.

Wahrscheinlichkeit, dass die Erfüllung dieses Wunsches glücklich macht:
Ziemlich hoch. Wenn uns die unerledigten Dinge bis zum Hals stehen, fühlen wir uns oft überfordert und wertlos, und das ist beides nicht gut für die Psyche.

15

Ich wünschte, ich könnte alles **stehen und liegen lassen** und eine Weltreise machen

Diesen Wunsch kann man sich leichter erfüllen, als man denkt. Und trotzdem findet man immer wieder Ausreden.

Hier sind die beliebtesten und wie man sie kontert:

»Kann ich mir nicht leisten.«
Tatsächlich ist das Budget der unproblematischste Aspekt einer Weltreise. In Ostasien, Indien und den meisten Teilen von Südamerika kommt man mit 800 Euro im Monat aus. Auf Reisen trifft man dann Leute, die sogar noch weniger brauchen.

»Ich habe einen festen Job.«
Bekommt man als Festangestellter keine sechs Monate frei, kann man versuchen, ein Sabbatical einzulegen. Falls man seinen Job sowieso unerträglich findet, ist das erst recht kein Grund, daheimzubleiben. Dann ist genau der richtige Zeitpunkt, mal die grauen Zellen durchzulüften und sich neue Inspiration zu holen.

»Ich habe Angst vorm Alleinsein.«
Macht euch da keinen Kopf. Tatsächlich ist alleine reisen sogar besser. Man ist völlig ungebunden, quasi sein eigener Reiseleiter und muss sich vor niemandem rechtfertigen. Man trifft Unmengen von Menschen und findet neue Freunde, die meisten davon selbst alleinreisend. So geht das nämlich.

»Ich werde Familie und Freunde vermissen.«
Ihr werdet's verkraften. Und vielleicht sind sie sogar froh, wenn ihr mal weg seid. Messenger-Apps und das Internet machen es einfacher denn je, den Kontakt zu euren Liebsten zu halten – und das in der Regel kostenfrei.

»Ich habe kleine Kinder, und das älteste kommt gerade in die Schule.«
Die meisten Schulbehörden haben da sicher ein offenes Ohr, vorausgesetzt ihr präsentiert ein stimmiges Unterrichtskonzept für die Zeit der Abwesenheit eures Kindes. Heimunterricht schafft man locker in zwei, drei Stunden pro Tag, haben wir uns sagen lassen. Wir kennen Leute mit sehr kleinen Kindern, die ein Jahr oder länger um die Welt gereist und als glückliche, innig verbundene und hoch motivierte Familie zurückgekehrt sind.

So, jetzt gibt's aber wirklich keine Gründe mehr, die dagegensprechen, oder? Mailt uns, und wir schicken euch eine x-beliebige Seite aus einem alten Atlas, auf der ihr euer erstes Ziel festlegt.

Wahrscheinlichkeit, dass die Erfüllung dieses Wunsches glücklich macht:
Hoch. Ob als Solo-Abenteurer oder junge Familie, eine Weltreise ist ein unvergessliches Erlebnis, das euch begeistern und geistig erfrischen wird. Auf geht's!

16

Ich wünschte, ich könnte **mein Geheimnis** mit jemandem teilen

Das ist doch mal ein großartiger Wunsch. Geheimnisse sind der heiße Scheiß. Ein Gespräch kann kaum spannender beginnen als mit dem Satz: »Du musst mir versprechen, dass du das niemandem erzählst.«

Geheimnisse für sich zu behalten kann zudem belastend und emotional zermürbend sein. Andererseits ist es hoch spannend oder auch erschütternd, sie zu erfahren. Sie selbst zu enthüllen verleiht uns für kurze Zeit ein gewisses Machtgefühl, danach haben wir allerdings oft ein furchtbar schlechtes Gewissen.

Natürlich hat jeder Mensch Geheimnisse, aber das macht sie nicht weniger bedeutungsvoll. Zusätzlich zu den eigenen trägt man womöglich auch noch die von anderen mit sich herum, und das oft unfreiwillig.

Neurologen empfehlen das Ausplaudern von Geheimnissen fürs körperliche Wohlbefinden und raten gleichzeitig davon ab, in die von anderen eingeweiht zu werden. Geheimnisse für sich zu behalten bringt unser Gehirn in eine Art Zwickmühle, was wiederum Stress, Angstzustände oder Schlimmeres verursachen kann.

In der Praxis bringen Geheimnisse eine Art alternative Realität für Nichteingeweihte mit sich. Die Enthüllung der Wahrheit kann so zu einem unnötigen Schock werden. Schon die Watergate-Affäre hat bewiesen, dass die eigentliche Untat meist deutlich besser zu verkraften ist als der Versuch, sie zu vertuschen.

Falls ihr ein Geheimnis habt, das ihr noch keiner Menschenseele erzählt habt, aber unbedingt loswerden wollt, dann schreibt uns eine Mail. Ihr bleibt natürlich anonym, aber wir werden euer Geheimnis auf eine Postkarte drucken, sie in der Öffentlichkeit aufhängen und euch ein Foto davon schicken, das ihr gerne sofort wieder löschen oder in die hinterste Ecke eurer Festplatte verbannen könnt.

Warum das Ganze? Es nennt sich Katharsis. Das Öffentlichmachen eines Geheimnisses, selbst anonym, wird euch von dem hässlichen Druck befreien, der sich aufbaut, wenn man im Besitz einer potenziell brisanten Wahrheit ist.

Wahrscheinlichkeit, dass die Erfüllung dieses Wunsches glücklich macht:
Höher, als ihr denkt. Es gibt einen wissenschaftlich bewiesenen neurologischen Zusammenhang zwischen Stress und Geheimniskrämerei. Selbst wenn es euch schwerfällt: Tut eurem zukünftigen Ich einen Gefallen und hört euch keine Geheimnisse von anderen Leuten mehr an.

17

Ich wünschte, es würde **was Anständiges** im Fernsehen laufen

Aber das tut es doch. Dazu im Folgenden ein kurzer Überblick über die besten TV-Serien der letzten fünf Jahre. Diese Liste ist definitiv* und nicht verhandelbar, Widerspruch wird nicht geduldet. Wir sind untröstlich, dass wir ein paar weglassen mussten, dafür sind die folgenden Sendungen ohne Ausnahme lebensbejahende kulturelle Großereignisse, die man auf keinen Fall verpassen darf. Ohne Scheiß.

- *True Detective:* Acht fesselnde Folgen einer wunderschön schaurigen Version des amerikanischen Südens und vielleicht die beste Serie aller Zeiten. Ernsthaft. Leider ist die zweite Staffel ein Riesenmurks, den man sich unbedingt sparen sollte.
- *Community:* Eine wahnsinnig geistreiche Meta-Sitcom, die scheinbar mühelos Filme und andere Sitcoms seziert und damit einen Comedy-Höhepunkt nach dem anderen setzt. Die Schauspieler sind durch die Bank großartig,

* *Game of Thrones* ist nicht dabei, weil wir zu doof sind, um die Handlung zu kapieren. Und *Breaking Bad* haben wir nie gesehen. Jaja, schon klar, wir sind rettungslos uncool.

allen voran der unvergleichliche Chevy Chase. Diese Show ist unberechenbar, schlau und richtig liebenswert.

- *Love:* In den Hauptrollen Gillian Jacobs und Paul Rust. Sie die chaotische Alkoholikerin, er der Loser. Ihre Beziehung ist eine einzige Katastrophe. Dennoch ist die Serie lustig und einfühlsam zugleich, und ihre Figuren sind wunderbar verletzlich.
- *Stranger Things:* Eine Mischung aus *Twin Peaks*, *E.T.*, *Unheimliche Begegnung der dritten Art*, *Akte X*, *Stand By Me* und *Super 8*. Das ist voll euer Ding, versprochen. Grandios gemacht und ganz schön gruselig.
- *Master of None:* Stand-up-Comedian Aziz Ansari in der Rolle des unbekannten Schauspielers Dev, der zu Castings geht, seine Eltern zu verstehen versucht und durch die New Yorker Single-Szene navigiert. Klingt nicht besonders aufregend, doch genau das ist es. Die Tonalität ist völlig neu.
- *Silicon Valley:* Hervorragende Darstellung der Höhen und Tiefen eines Tech-Start-ups aus San Francisco. Thomas Middleditch und T.J. Miller spielen großartig, und die Serie ist saukomisch.
- *Girls:* Lena Dunhams eigene TV-Show ist unaufdringlich, aber spannend und geht völlig unerschrocken mit dem Thema Frauenfreundschaften um. Eine äußerst reale Darstellung von Menschen, die keine Ahnung haben, was sie mit ihrem Leben anfangen sollen. Spektakulär!

Das war's. Wenn ihr mit allen Serien durch seid, schickt uns eine Mail, und wir antworten mit dem nächsten Schwung.

Wahrscheinlichkeit, dass die Erfüllung dieses Wunsches glücklich macht:
Na ja, Fernsehen verändert nur selten das Leben. Aber das muss es auch nicht. Mit diesen Shows kann man sich auf jeden Fall viele Abende lang bestens vorm Flatscreen vergnügen.

18

Ich wünschte, ich könnte besser vor Leuten reden

Öffentliches Reden gehört zu den Dingen, die Menschen am meisten fürchten. Gleichzeitig gibt es kaum eine Fähigkeit, deren Beherrschung dem eigenen Ego so sehr schmeichelt und die einem beruflich so viel nützt. So könnt ihr sie erlernen:

Die Angst vor öffentlichem Reden ist meist unbegründet:

Ihr habt Angst, zu wenig über euer Thema zu wissen? Dann wisst ihr genug.

Ihr habt Angst, dass man euch eure Nervosität anmerkt? Tut man nicht.

Ihr habt Angst, auf der Bühne zu stolpern, und alle lachen euch aus? Wird nicht passieren.

Genau diese Ängste ergreifen meist von einem nervösen Redner Besitz. Doch egal, ob ihr vor wenig Publikum oder in einer vollen Messehalle sprecht: Euch sollte immer die Tatsache beruhigen, dass die Leute wegen euch gekommen sind. Niemand will euch scheitern sehen.

Wenn ihr die wichtigsten Punkte verständlich ansprecht, habt ihr schon gewonnen. Schließlich seid ihr keine Stand-up-Comedians, die sich vor feindlich gesinntem Publikum beweisen müssen.

Im schlimmsten Fall habt ihr gerade erfolgreich die mieseste Rede eures Lebens hinter euch gebracht, und das beste Gegenmittel gegen Unsicherheit ist letztlich Erfahrung.

- Was sonst noch wichtig ist: üben, üben, üben. Rennt nicht zu viel auf der Bühne herum, das irritiert das Publikum. Haltet Augenkontakt. In Präsentationen wirken Bilder immer besser als Text. Weniger ist immer mehr. Bleibt eurer natürlichen Sprechweise treu, aber lest auch mal in ein paar Rhetorikhandbücher rein. Merkt euch Beispiele für gute Reden und Spannungsbögen.

Wenn euch demnächst eine wichtige Präsentation bevorsteht, schickt uns eure Unterlagen. Wir üben (sanfte) Kritik und geben euch ein paar Tipps.

Wahrscheinlichkeit, dass die Erfüllung dieses Wunsches glücklich macht:
Vielleicht nicht glücklich im herkömmlichen Sinn, aber definitiv in Bezug auf euren Job. Selbst wenn das Reden vor Publikum nicht zu euren alltäglichen Aufgaben gehört, wisst ihr jetzt, dass ihr es draufhabt, wenn die Situation danach verlangt.

19

Ich wünschte, ich wäre **nicht so handysüchtig**

Smartphones sind nun einmal extrem spannende Geräte, so blöd das auch klingt. Sie sind unsere Nabelschnur zur Außenwelt, unser ständiger Begleiter, auf den wir 150 Mal am Tag einen Blick werfen, wie ein Unternehmen aus dem Silicon Valley herausgefunden hat.

Mag sein, dass das Ganze ausgeufert ist. »Nomophobie«, die irrationale Angst, auf sein Mobiltelefon verzichten zu müssen, ist mittlerweile ein anerkanntes psychisches Krankheitsbild. Eine aktuelle Umfrage hat ergeben, dass sich viele Menschen ohne ihr Smartphone unvollständig und hilflos fühlen. Neurologen attestieren, dass dieser Verlust mit Phantomschmerzen nach Amputationen vergleichbar ist.

Etliche Studien haben auch einen äußerst negativen Effekt von übertriebener Handynutzung auf Beziehungen festgestellt. War nicht jeder von uns schon mal mit einer Gruppe von Freunden unterwegs, in der alle permanent auf dem Handy rumtippen, statt sich mit den anwesenden Personen zu unterhalten? Vielleicht lag das in meinem Fall aber auch nur an meinen langweiligen Anekdoten und meiner Unfähigkeit, selbst eine kleine Gruppe bei Laune zu halten.

Macht ihr euch Sorgen, dass ihr zu oft auf euer Telefon glotzt, wischt und tippt wie ein Wahnsinniger, in spontanes

Gelächter ausbrecht, als hättet ihr sie nicht mehr alle, während euer Partner euch schief anschaut und sich fragt, was nur aus der Person geworden ist, in die er sich damals in unschuldigeren analogen Zeiten verliebt hat? Ist euch wahrscheinlich gar nicht aufgefallen. Falls dem doch so sein sollte und ihr etwas daran ändern möchtet, legt einfach Zeiten fest, in denen das Handy komplett ausgeschaltet bleibt, vor allem zu Beginn und am Ende des Tages. Ihr könnt diese Phasen stufenweise verlängern, bis euer Bedürfnis, ohne Unterlass auf einen kleinen Bildschirm zu starren, langsam weniger wird. Fangt bei Mahlzeiten oder Urlauben an.

Natürlich kann man den Fortschritt nicht aufhalten. Als Nächstes kommen die Implantate. Furchterregende künstliche Intelligenz. Interne Kopfhörer, GPS-Tracker unter der Haut, Kontaktlinsen mit Display. Eine düstere Zukunft steht uns allen bevor. Schnallt euch an, Kids.

Wenn ihr glaubt, dass euer Telefon einen schlechten Einfluss auf euch hat, dann schreibt uns, und wir schicken euch ein Motiv, das eurer Abhängigkeit entgegenwirkt, wenn ihr es auf die Rückseite des Geräts klebt.

Wahrscheinlichkeit, dass die Erfüllung dieses Wunsches glücklich macht:
Vermutlich ziemlich hoch. Die »Nachhaltigkeitsindustrie« ermahnt uns ja ständig, im Augenblick zu leben. Und Smartphones stehen diesem Konzept eher entgegen.

20

Ich wünschte, ich würde nicht mitten in einer **Existenzkrise stecken**

Vereinfacht gesagt ist eine Existenzkrise nur die Erkenntnis, dass wir eines Tages sterben werden – das Leben geht nicht ewig so weiter, unsere Tage sind gezählt. Natürlich wissen wir das längst. Die Krise kommt daher, dass uns plötzlich in vollem Umfang bewusst wird, was das bedeutet.

Denn es führt uns zur gefürchteten Frage: »Wenn ich schon sterben muss, welchen Sinn hat dann mein Leben?« Unsere Unfähigkeit, diese Frage zu unserer vollen Zufriedenheit zu beantworten, ist die Ursache der Krise.

Doch damit seid ihr nicht allein: Eine Umfrage der Open University im Jahr 2016 hat ergeben, dass gut die Hälfte der britischen Bevölkerung gerade eine Art Existenzkrise durchlebt oder bereits hinter sich hat.

Die existenzialistischen Philosophen berufen sich ja gerne auf die Freiheit und Wahlmöglichkeit des Individuums. Das setzt jedoch voraus, dass wir selbst den Sinn unseres Lebens definieren und rationale Entscheidungen treffen, obwohl wir in einem irrationalen Universum leben.

Deshalb sollte man solch eine Krise nicht ignorieren, sondern sie zum Vorteil nutzen und hinterfragen, ob wir tatsächlich ein produktives und erfülltes Leben führen. Unser Verstand will uns mitteilen, dass die Dinge, die wir bisher erreicht haben, uns nicht für den Rest des Lebens ausfüllen werden. Ein Ausdruck von Ehrgeiz, wenn man so will.

Bewaffnet mit dieser Erkenntnis kommt ihr am besten durch die Krise, wenn ihr euch auf die Hinterbeine stellt und eine neue Aufgabe, ein höheres Ziel findet. Tragt in der Gruppe euren Teil dazu bei. Es muss ja kein 40-Stunden-Job sein, aber die Aufgabe sollte einen wichtigen Platz in eurem Leben einnehmen und mit einem gewissen Zeitaufwand betrieben werden. Wohltätigkeitsarbeit ist ein naheliegendes Beispiel, ansonsten jedes Projekt, mit dem man anderen hilft.

Schreibt uns ein paar Zeilen über euch, und wir senden euch konkrete Vorschläge.

Wahrscheinlichkeit, dass die Erfüllung dieses Wunsches glücklich macht:
Riesig. Zugegeben, es sind üble Klischees, aber die Zeit rennt nur so davon, und das Leben ist kurz. Andererseits ist es nie zu spät, so zu leben, wie ihr wollt. Nur geht das leider nicht von selbst, da muss man sich schon reinhängen.

21

Ich wünschte, ich hätte ein eigenes **Modelabel**

Modelabel klingt in der Theorie großartig. Kreatives Unternehmertum – nice, oder?

Die Realität sieht leider Gottes anders aus, denn wie bei jedem eigenen Unternehmen sind die Strapazen groß und die Arbeit ist nicht selten stumpf. Die Modebranche ist ein extrem umkämpfter Markt, die Gewinnspannen sind äußerst gering, und es können einem durchaus jede Menge Anfängerfehler unterlaufen.

Es gibt buchstäblich Hunderte von Dingen zu beachten, aber zwei davon sind besonders entscheidend. Erstens die Markenentwicklung, das Branding.

Eine Marke ist ein nicht greifbares Gut, das zu äußerst greifbarem Vermögen führen kann. Sie ist der Grund, warum Leute über zweitausend Euro für eine Handtasche zahlen, die weniger als fünfzig Euro in der Herstellung kostet. Oder wie man bei Coca-Cola sagt: »Selbst wenn wir bei einer Katastrophe all unsere Vermögenswerte verlieren, werden wir's überleben. Wenn allerdings alle unsere Konsumenten plötzlich ihr Gedächtnis verlieren und alles über Coca-Cola vergessen, ist die Firma pleite.«

Oder anders ausgedrückt: Die Marke hebt euch von der Konkurrenz ab, dafür zahlt der Kunde den Aufpreis. Sie muss von Anfang an stimmen.

Der zweite Erfolgsfaktor ist eine detaillierte Kenntnis eurer Zielgruppe.

Eine gute Idee alleine reicht nicht. Ihr müsst genau wissen, wer eure Klamotten kaufen soll und wie ihr diese Menschen erreicht. Das kann zunächst ruhig ein Nischenprodukt sein, denn von Anfang an den Massengeschmack zu treffen funktioniert in den seltensten Fällen. Fangt damit an und werdet langsam größer.

Natürlich gilt es eine Unmenge weiterer Aspekte zu beachten, um eine erfolgreiche Modelinie ins Leben zu rufen: Design, Herstellung, Vertrieb und Marketing. Einfach ist das nicht, aber von nichts kommt nichts. Schreibt uns eine Mail, und wir senden euch einen detaillierten Leitfaden, wie man's richtig angeht.

Wahrscheinlichkeit, dass die Erfüllung dieses Wunsches glücklich macht:
Zweischneidiges Schwert. Euer eigenes erfolgreiches Unternehmen zu führen hat Riesenvorteile, allen voran Unabhängigkeit. Gleichzeitig kann schon die nächste Saison mörderischen Stress oder sogar euren finanziellen Ruin bedeuten. Müssen wir euch leider so sagen.

22

Ich wünschte, ich könnte mit dem Rauchen aufhören

Eins vorneweg: Wir wollen hier keine Raucher verurteilen und können den Reiz daran auch total nachvollziehen.

Denn sehen wir mal von den üblichen Nachteilen wie den irrsinnigen Kosten, dem grässlichen Gestank und der Sache mit dem schrecklichen Krebstod ab, hat Rauchen schon was Verführerisches. Zumindest aus der Sicht von Rauchern bzw. Ex-Rauchern. Muss ja so sein, sonst würde nicht über eine Milliarde Menschen rauchen. Es ist natürlich politisch nicht korrekt, das zuzugeben, aber Rauchen kann Spaß machen und auf seltsame Weise befriedigend sein.

Rauchen ist unvernünftig, also kommt man mit vernünftigen Argumenten nicht besonders weit. Es handelt sich um ein klassisches Beispiel von kognitiver Dissonanz. Ein leidenschaftlicher Raucher kann sich sehr wohl der Gesundheitsrisiken bewusst sein, aber das alleine genügt nicht, um sofort aufzuhören. Warum also nicht ein für alle Mal Schluss damit machen?

Will man den Schraubstockgriff um die Zigarette vorsichtig lösen, muss man bei Gewohnheiten ansetzen, die das Rauchen begleiten.

Häufig unterschätzte Faktoren sind dabei Essen und Trinken. Zigaretten schmecken oft nach dem Essen am besten. Besonders nach Steaks oder Hamburgern, eher weniger nach Käse, Gemüse und Obst. Auch zu kohlensäurehaltigen Getränken, Alkohol, Tee und Kaffee scheinen sie gut zu passen. Viele Menschen stellen fest, dass eine Veränderung ihrer Ess- und Trinkgewohnheiten Einfluss auf ihr Bedürfnis zu rauchen hat. (Trinkt man halt mal eine Bloody Mary statt einen Weißwein.)

Ein weiterer Faktor ist Sport. Es gibt zahllose Studien, die ganz klar zeigen, wie körperliche Aktivitäten – und da reichen schon ein kleiner Spaziergang oder Dehnübungen – das Bedürfnis nach einer Zigarette verringern, weil unser Gehirn beim Sport Substanzen gegen das Suchtverhalten produziert.

Der letzte Tipp liegt auf der Hand. Wenn ihr wirklich aufhören wollt, sucht euch Nichtraucher als Freunde. Seid ihr auf einer Party oder im Club, haltet euch an die Nichtraucher. Wenn ihr Grüppchen von Leuten trotz strömendem Regen draußen auf dem Bürgersteig qualmen seht, schätzt euch glücklich, dieses Laster los zu sein.

Wenn es noch immer nicht klappt, schreibt uns eine E-Mail, und wir schicken euch zusätzliche Hilfe.

Wahrscheinlichkeit, dass die Erfüllung dieses Wunsches glücklich macht:
Enorm. Rauchen gilt zusehends als asozial und wird als Charakterschwäche ausgelegt, und das nicht nur von Gesundheitsaposteln. Aber wichtiger ist ohnehin, euch selbst zu beweisen, dass ihr ein altes Laster aus eigener Kraft überwunden habt.

23

Ich wünschte, ich wäre groß genug, um Basketballprofi zu werden

Das ist natürlich eine Anspielung auf den Skee-Lo-Hit »I Wish« aus dem Jahr 1995, in dem es heißt: »I wish I was a little bit taller, I wish I was a baller«. Der Song hat Skee-Lo eine Grammy-Nominierung und Heavy Rotation bei MTV eingebracht, obwohl er es weder in die Top Ten der englischen noch der amerikanischen Charts geschafft hat.

Den größten Teil der Einnahmen hat sich die Plattenfirma Sunshine Entertainment unter den Nagel gerissen, und trotz seines Bekanntheitsgrades wurde Skee-Lo durch den Song keinen Zentimeter größer. Er blieb trotzig bei 1,73 Meter stehen. In seinem bis dato einzigen Hit zählt er eine ganze Latte an Wünschen auf.

Wir haben die erste Strophe für euch übersetzt (unsere Anmerkungen in Klammern):

»Ich wünschte, ich wäre ein bisschen größer« (Skee-Lo ist offensichtlich unzufrieden mit seiner Körpergröße.)

»Ich wünschte, ich wäre Basketballer« (Er wäre im Hauptberuf gern ein erfolgreicher Basketballer.)

»Ich wünschte, ich hätte eine gut aussehende Freundin«

(Skee-Lo hat mittlerweile eine superhübsche Frau geheiratet, mit der er zwei Kinder hat.)

»Ich würde sie anrufen« (Na ja, das versteht sich doch von selbst. Tu doch nicht so, als würdest du ihr damit einen großen Gefallen tun. Sei kein Arsch, Skee-Lo.)

»Ich wünschte, ich hätte einen Hasen im Hut und eine Fledermaus« (Wie bitte? Ach ja, »Rabbit in a hat« steht für eine zwielichtige Dame, und die Fledermaus bezieht sich auf das Logo von Bacardi-Rum. Er wollte also Schnaps mit einer Prostituierten saufen. Heutzutage ist er vermutlich nicht mehr so wild.)

»Und einen 64er Impala« (Damit ist ein Chevy Impala, Baujahr 1964 gemeint. Das ist ein Auto.)

Wenn es euch also genauso wie Skee-Lo geht, dann nehmt das hier:

Wenn ihr nicht groß genug für Basketball seid, sucht euch eine andere Sportart.

Wenn ihr die richtige Größe habt, aber nicht das Talent, sucht euch eine andere Sportart.

Wenn Größe und Talent stimmen, dann willkommen in der NBA oder zumindest in der BBL.

Wenn ihr immer noch keinen Schimmer habt, wovon wir reden, schreibt uns eine E-Mail, und wir schicken euch den Song via iTunes.

Wahrscheinlichkeit, dass die Erfüllung dieses Wunsches glücklich macht:
Mittel. Statistiken belegen, dass zwei Zentimeter zusätzliche Körpergröße mit 1.000 Dollar mehr beim Jahreseinkommen zu Buche schlagen. Jemand mit 1,90 Meter verdient also 5.000 Dollar mehr als jemand mit 1,80 Meter. Das durchschnittliche Jahresgehalt in der NBA (National Basketball Association) beträgt übrigens fünf Millionen Dollar.

24

Ich wünschte, ich wäre Komparse bei *Game of Thrones*

Jeder liebt *Game of Thrones*. Na ja, vielleicht nicht jeder, aber zumindest ist diese TV-Serie eine der erfolgreichsten, die HBO je produziert hat, und schlägt um die zehn Millionen Zuschauer in ihren Bann. Mittlerweile gilt sie auch offiziell als die am häufigsten illegal heruntergeladene Serie der Menschheitsgeschichte.

Warum sie so erfolgreich ist, ist gar nicht so leicht zu erklären, denn zumindest uns gelingt es nur unter allerhöchster Konzentration, der ausufernden Handlung und den zahllosen Protagonisten zu folgen. Trotzdem erreicht *Game of Thrones* eine weitaus größere Masse als nur das reine Fantasy-Publikum.

Es muss wohl an den einzigartigen Charakteren und der ausgeklügelten Hintergrundgeschichte liegen, die an ein Historiendrama erinnert, inspiriert von den Machtkämpfen der europäischen Königshäuser im 16. Jahrhundert. Und das ist starker Tobak, keine Frage.

Egal, jetzt zum Wunsch: Wir haben mit einer Schauspielagentur gesprochen, die alle *Game of Thrones*-Komparsen betreut, und wissen daher, dass die Serie zu großen Teilen in Nordirland gedreht wird.

Wenn ihr gerne Komparse wärt, schreibt uns, und wir sagen euch, was ihr dafür tun müsst. Eine Einschränkung vorneweg: Ihr solltet aus Nordirland kommen, und dafür gibt es auch einen praktischen Grund. Es liegt in der Natur von TV-Produktionen, dass man ziemlich spontan ans Filmset bestellt wird, deshalb greift man in diesem Fall lieber auf Einheimische zurück.

Man hört natürlich immer wieder von langen Arbeitstagen und unvermeidlichen Wartephasen, aber dafür ist man ganz nah an den Lannisters dran – wie aufregend! Eine Erfahrung, die alle Mühen wert ist.

Wir haben natürlich vollstes Verständnis, wenn die Nicht-Nordiren unter euch jetzt in Tränen ausbrechen. Aber ihr könnt uns ja eine Mail schreiben, und wir trösten euch mit einem geheimnisvollen *Game of Thrones*-Goodie.

Wahrscheinlichkeit, dass die Erfüllung dieses Wunsches glücklich macht:
Theoretisch hoch, aber die Wahrscheinlichkeit, wieder rausgeschnitten zu werden, ist groß. Auf jeden Fall keinen Umzug nach Nordirland wert, obwohl die Gegend schön ist.

25

Ich wünschte, ich könnte durch die Zeit reisen

Geht aber nicht, ihr Nerds.

Zugegeben, die aufwühlende Theorie von der nicht linearen Zeit gibt es seit Hunderten, wahrscheinlich sogar Tausenden von Jahren.

Einstein stellte einst die Hypothese von Raum und Zeit verbindenden Brücken auf, auch »Wurmlöcher« genannt. Zahlreiche Physiker, darunter Stephen Hawking und Kip Thorne, haben diese Theorie seitdem aufgegriffen.

Deshalb gibt es zumindest im Bereich der Quantenmechanik eine (vermutlich stille) Minderheit, die Zeitreisen für möglich hält. Unwahrscheinlich bleiben sie dennoch, oder warum hat uns noch nie jemand aus der Zukunft besucht (obwohl ihr unbedingt mal »Wiedereröffnung der South Fork Bridge« googeln solltet)?

Stellvertretend für eine echte Zeitreise empfehlen wir: Schreibt doch einen Brief an euer zukünftiges Ich.

So könnt ihr überprüfen, ob ihr ein ganz bestimmtes Ziel erreicht habt, oder könnt euch selbst in der Zukunft gut zureden. Oder euch eine Deadline für ein wichtiges Gespräch oder eine anstehende Unternehmung setzen. Oder euch etwas verzeihen. Oder euch einfach etwas mitteilen, das euch in Zukunft helfen, inspirieren oder motivieren könnte.

Schickt uns diesen Brief via E-Mail mit dem exakten Datum, an dem ihr ihn erhalten wollt. Das kann in Wochen, Monaten oder erst in Jahren sein. Fügt eine Postadresse bei, unter der ihr auch in Zukunft erreichbar seid.

Natürlich behandeln wir den Inhalt streng vertraulich, doch an dem von euch genannten Tag wird der Brief in eurer Post landen – von euch an euch über uns.

Okay, es ist keine Zeitreise, aber einen Brief aus der Zukunft zu erhalten ist auf gewisse Weise einzigartig. Und allein der Gedanke, dass ein Brief aus der Zukunft zu euch unterwegs ist, wird interessante Dinge mit euch anstellen und euch mehr beeinflussen, als ihr denkt.

Wahrscheinlichkeit, dass die Erfüllung dieses Wunsches glücklich macht:
Unbekannt. Falls es irgendwann möglich sein sollte, durch die Zeit zu reisen, wird das so weitreichende Folgen haben, dass es sich nicht lohnt, jetzt schon darüber zu spekulieren. Lest bis dahin lieber die Kurzgeschichte* Ferner Donner *von Ray Bradbury.

26

Ich wünschte, ich wäre nicht so depressiv

Zehn Prozent der Bevölkerung durchleben gerade eine Depression. Jede davon hat einen sehr schädlichen Einfluss auf das Leben der Betroffenen. Sie raubt ihnen Energie, Selbstsicherheit, Schlaf, berufliches Selbstvertrauen und nicht zuletzt die Fähigkeit, so etwas wie Glücksgefühle zu empfinden.

Während einer ernsthaften Depression kann man sich nicht vorstellen, dass einem in Zukunft Gutes widerfährt, und allein dieser Gedanke macht die Depression noch schlimmer. Es gibt die verschiedensten Ansätze, mit Depressionen umzugehen, schließlich fällt jede unterschiedlich intensiv aus und dauert unterschiedlich lang.

Laut Studien helfen Antidepressiva nur in der Hälfte aller Fälle, und davon erleidet wiederum die Hälfte der Patienten nach erster Besserung einen Rückfall. Das reduziert ihre Effizienz letztlich auf 25 Prozent. Dazu kommt, dass die Nebenwirkungen von Antidepressiva den Alltag extrem beeinträchtigen können und beispielsweise zu Schwächeanfällen oder Schlaflosigkeit führen.

Es wird auch in Zukunft keine einheitliche Behandlungsmethode bei Depressionen geben, aber man kann ihre Symptome bekämpfen. Die folgenden Maßnahmen führen zu wissenschaftlich nachgewiesenen antidepressiven Reaktionen und können im Gesamtpaket ein starkes Gegenmittel bilden.

Hier sind ein paar sinnvolle Ratschläge:

1. Solange ihr fit genug seid, treibt jede Woche mindestens anderthalb Stunden Sport. Selbst fünfzehn oder zwanzig Minuten am Tag machen einen echten Unterschied.
2. Achtet darauf, immer genügend Tageslicht abzubekommen. Im Sommer circa eine halbe Stunde Morgensonne, und im Winter tut's eventuell auch eine Tageslichtlampe.
3. Steigert euch nicht zu sehr in negative Gedanken hinein. Seid aktiv, statt zu grübeln. Jede Form von Ablenkung tut gut.
4. Nabelt euch nicht ab. Bleibt so kontaktfreudig wie möglich. Redet mit Menschen, macht eine Therapie, zum Beispiel eine kognitive Verhaltenstherapie. Oder ihr findet einfach nur jemanden, der euch ohne Vorurteile zuhört.
5. Schlaft euch aus. Mindestens sieben Stunden am Tag.

Ansonsten empfehlen wir euch Fischöl. Nehmt eine Omega-3-Kapsel pro Tag, am besten mit einer Multivitamin- und einer Vitamin-C-Tablette. Mailt uns, und wir schicken euch ein paar.

Wahrscheinlichkeit, dass die Erfüllung dieses Wunsches glücklich macht:
Naturgemäß sehr hoch. Depression ist das Gegenteil von Glück, und wer mit ihr lebt, geht nicht selten an ihr zugrunde.

27

Ich wünschte, ich könnte den Dalai Lama treffen

Okay. Dann müsst ihr aber erst mal nach Delhi fliegen. Von den meisten Hauptstädten der Welt aus ist das kein Problem.

Seid ihr dort angekommen, müsst ihr es in ein Dorf namens McLeod Ganj schaffen, einen hügeligen Außenbezirk der Stadt Dharamsala. Hier lebt der Dalai Lama, seit er 1959 aus seiner Heimat Tibet vertrieben wurde. Seine Regierung sitzt im Nachbarort Gangchen Kyishong.

Ein sehr atmosphärischer und erschwinglicher Nachtzug bringt euch von Delhi aus dahin.

Steigt am Bahnhof Pathankot aus und nehmt ein Taxi nach McLeod Ganj. Sobald ihr eine Unterkunft gefunden habt – wir empfehlen das Pink House –, könnt ihr euch ganz auf euer Treffen mit Seiner »Heiligkeit« konzentrieren.

Privataudienzen werden nicht am selben Tag vergeben. Es gab mal Zeiten, in denen man sich ganz informell und ohne Voranmeldung mit ihm unterhalten konnte, aber die sind vorbei. Heutzutage muss man weit im Vorfeld online buchen und eine Menge Informationen über sich angeben – unter anderem, warum man den Dalai Lama überhaupt treffen will. In der Regel empfängt er dreimal die Woche Gäste – montags, mittwochs und freitags.

Stellt sicher, dass er auch zu Hause ist, wenn ihr kommt. Schließlich reist er im Zuge seines Lehrauftrags viel in der Region oder sogar in der ganzen Welt herum. Die Termine stehen auf seiner Website.

Sein Büro befindet sich im Tsuglagkhang-Komplex. Sobald ihr dort eintrefft, zahlt es sich aus, ein paar Namen von Bekanntschaften der letzten Tage fallen zu lassen, von denen ihr wisst, dass sie bereits mit ihm oder seinem Team zu tun hatten. In den Restaurants und Cafés von Dharamsala trifft man solche Leute schneller, als man denkt. Dennoch müsst ihr es womöglich über mehrere Tage hinweg bei der Anmeldung im Tsuglagkhang-Haus probieren, bis ihr endlich drankommt.

Aber seid gewarnt: Eure Audienz könnte kürzer als zwanzig Sekunden ausfallen. Reicht gerade mal für einen Segen und ein Selfie. Versprecht euch also kein Gespräch über Gott und die Welt bei Tee und Kuchen, außer ihr seid Richard Gere (um mal ein schlecht gealtertes Beispiel eines Hollywood-Buddhisten zu bemühen).

Wenn ihr die Hoffnung aufgegeben habt, es je dorthin zu schaffen, meldet euch, und wir schicken euch eine einschneidende buddhistische Weisheit.

Wahrscheinlichkeit, dass die Erfüllung dieses Wunsches glücklich macht:
Ihr werdet die Reise in diesen fantastischen Teil der Welt auf keinen Fall bereuen. Es ist eine wunderschöne, magische Gegend, und man kommt mit weniger als 25 Euro am Tag aus.

28

Ich wünschte, ich könnte **einen Roadtrip** unternehmen

Roadtrips sind ein wichtiger Teil der Popkultur. Die hinreißend ausschweifenden Aufzeichnungen von Jack Kerouac, die melancholischen Klagelieder Bruce Springsteens, die Acid-Eskapaden von Ken Kesey und seinen Merry Pranksters, die Abenteuer von Hunter S. Thompson – Roadtrips beschwören eine wilde Zeit herauf, in der man jung, ungebunden, frei von Verantwortung und deutlich cooler als jetzt war.

»Tramps like us, baby we were born to run«, heißt es bei Bruce Springsteen. Und wenn ihr schon nicht von zu Hause ausreißt, dann gönnt euch doch wenigstens eine kurze Pause, bevor ihr euch weiter auf euer BWL-Examen vorbereitet.

Hier sind fünf der besten Roadtrips:

1. Cabot Trail, Kanada
   Er geht fast 320 Kilometer durch einen der faszinierendsten Teile von Nova Scotia. Das Highlight ist das nördliche Gebiet rund um den atemberaubenden Cape Breton Highlands Nationalpark mit seiner unglaublichen Tierwelt. Unter anderem leben dort Adler und Schwarzbären.

2. Garden Route, Südafrika
   Eine der schönsten Regionen eines bildschönen Landes mit grandiosen Weinbergen, großartigen Stränden und mächtigen Bergzügen – und problemlos zu erreichen. Verlasst einfach so schnell wie möglich die stark befahrene und hektische Autobahn N2 und erforscht die Gegend über die kleineren Straßen im Hinterland.
3. Route 66, Kalifornien, USA
   Vielleicht der berühmteste Roadtrip der Welt. Seit ihrer Stilllegung taucht die Route 66 nicht mehr in aktuellen Landkarten auf, aber es ist nicht schwer, der Originalstraße von Chicago bis nach Los Angeles zu folgen. Die über 4.000 Kilometer lange Strecke bietet den besten Einblick ins Amerika der Neuzeit.
4. Wüste Gobi, Mongolei
   Wer leidenschaftlich auf unbefestigten Straßen unterwegs ist, dem bietet die Wüste Gobi eine schier unendliche Weite. Die Schönheit liegt in der Monotonie ihrer Landschaft, es ist eine der abgeschiedensten Gegenden der Welt. Und wenn's euch hinter dem Lenkrad zu langweilig wird, dann bewegt euch einfach weiter auf Kamelrücken fort und verbringt eure Nächte in einer der traditionellen mongolischen Jurten.
5. Äußere Hebriden, Schottland
   Die Fahrt auf einer kurvenreichen Straße von fast 250 Kilometern Länge ist einer der schönsten Ausflüge auf die Britischen Inseln. Unglaublich weiße Sandstrände, Bergpässe, wunderschöne Insellandschaften, Burgen wie Postkartenmotive – und hinter jeder lang gezogenen Kurve wartet eine neue zauberhafte Szenerie.

Wahrscheinlichkeit, dass die Erfüllung dieses Wunsches glücklich macht:
Hoch. Roadtrips sind immer ein Erlebnis, egal ob für junge Wilde, Familien oder frischgebackene Rentner. Fragt uns nach der Anleitung zum perfekten Kalifornien-Trip mit dem Auto.

29

Ich wünschte, ich könnte kombinieren wie **Sherlock Holmes**

2301051805 04150308 20151212 04090519051202051 4
091420210920092205 14 0601050809071105092005 14 2621
0205190920260514 230905 190805181215031 1 081512130519
040518 0405200511200922 012119 040514
11211826070519030809030820051 4 211404 18151301140514
040905 0518192013011219 0913 0514071209190308051 4
192018011404 1301070126091405 051819030809051405 14
040119 080120 0509141920 1905091405 1205190518
0121060705061518040518 20 2105020518 040905 0205192005
190805181215031 1 081512130519 070519030809030820 05
01022621192009131305 14 211404
071205090308260509200907 190918 011820082118
0315140114 0415251205 07050205200514 1905091405
050907051405 1209192005 010226210705020514 19050914
120905021209140719060112 12 230118 040119
070506120503112005 02011404 0914 040513 05091405
1021140705 06180121 140113051419 0805120514
192015140518 190805181215031 1 081512130519 211404 0418
230120191514 0401130920 020501210620180107 20
0908180513 021505190514 192009050622012005 18
0718091305190225 181525121520 20 040119
0801140423051811 2621 1205070514

040905 0205192005 0615120705 040518 011120210512120514
2022 1905180905 091920 2301081819030805091412090308
040518 180509030805140201030806011212 01020518
05090705142012090308 19091404 01121205
2609051312090308 072120 23051414 090818 0519
19030801060620 040905190514 2015200112
050914060103080514 03150405 2621 05142019030812
1919051214 230518040520 090818 22090512120509030820
0509140519 2001070519 01210308 130112 1915 072120
230905 1908051812150311
0914 040518 262309190308051426050920 1903080903110514
230918 050914 070508050913140919221512120519
160105031103080514 0114 040905 0518192005 160518191514
040905 0615120705140405 0618010705
0205011420231518200514 11011414
14010308 082114040518200514 221514 070512150519200514
06010512120514 26211205202620 0914 040518
01140705120507051408050920 0218210305
16011820091407201514 23091804 1908051812150311
081512130519 221514 040518 1721050514 2621 0509140518
16180922012001210409051426 05091407051201040514
230119 080120 190905 090813 070519030805141120
211404 0405141120 0913130518 0401180114 23051414
090818 040119 2114131505071209030805
0121190705190308121519190514 08010220 04011414 091920
040119 230119 210502180907 021205090220 040905
2301081808050920 1915 2114230108181903080509141209030
8 190905 01210308 19030805091420

230108181903080509141209030811050920 04011919 040905
05180621051212211407 040905190519 2321141903080519
07122105031112090308 1301030820
191523150812 0914 040514 0221050308051814 011219
01210308 0914 040518 06011420011920091903080514 020203
1905180905 091920 1908051812150311 081512130519 050914
2114071201210212090308 0601192609140905180514040518
030801180111200518 130920 0705140121 040518
180903082009070514 1309190308211407 012119
0914200512120907051426 0118181507011426 211404
23051220061805130408050920

30

Ich wünschte, ich würde meine Schulden loswerden

Laut einer Studie besitzt jeder siebte Amerikaner mehr als zehn verschiedene Kreditkarten. Laut dem britischen Centre for Social Justice (Amt für soziale Gerechtigkeit) ist der durchschnittliche britische Haushalt mit 54.000 Pfund verschuldet – eine Zahl, die sich im letzten Jahrzehnt verdoppelt hat.

In England werden jedes Jahr mehr als 5.000 Menschen obdachlos, weil sie ihre Miete oder Hypothek nicht bezahlen können.

Falls auch ihr über euren Finanzen brütet, raten wir euch, zumindest bei den kleinen Dingen zu sparen, statt gravierende Einschnitte vorzunehmen, die euch in die Depression stürzen. Hier sind unsere zehn besten Tipps. Zugegeben, manche klingen extrem langweilig, aber der Weg aus der Schuldengrube ist eben kein glamouröser, Genossen. Gute Alliteration, oder?

1. Wechselt euren Anbieter für Strom, Gas, Wasser etc. Check24.de ist eine gute Anlaufstelle, um Tarife zu vergleichen.

2. Das gilt auch für euren Handyvertrag. Wer zudem mit Kündigung droht, kann die besten Deals rausschlagen (kein Anbieter will Kunden vergraulen).
3. Kündigt euer Sky-Abo. Schaut öffentlich-rechtliches Fernsehen oder Netflix.
4. Geht nicht hungrig in den Supermarkt. Schreibt euch immer eine Einkaufsliste und haltet euch daran. Uralter Ratschlag, funktioniert aber immer noch einwandfrei.
5. Nehmt euch Essen zur Arbeit mit. Dafür muss man sich heute nicht mehr schämen, machen alle so. Ist fast schon ein Trend.
6. Kündigt alle Newsletter, die euch mit täglichen Sonderangeboten oder Last-Minute-Sales in Versuchung führen.
7. Fahrt weniger Auto, geht mehr zu Fuß.
8. Wenn ihr jeden Tag einen Kaffee und ein Croissant kauft, gebt ihr im Jahr automatisch über 1.500 Euro aus. Auch so überzieht man sein Konto.
9. Vermietet eins eurer Zimmer oder gleich eure ganze Wohnung über Airbnb.
10. Hört mit dem Rauchen auf. Nicht aus Frömmigkeit, sondern weil eine normale Packung mittlerweile 5,50 Euro kostet. Das macht bei einer Schachtel pro Tag circa zweitausend Euro im Jahr.

Falls ihr diese Ziele durchaus realistisch findet, dann mailt uns, und wir schicken euch fünfzig weitere.

Wahrscheinlichkeit, dass die Erfüllung dieses Wunsches glücklich macht:
Einschneidend. Hohe Schulden sind ein Albtraum. Sie rauben euch Schlaf, Selbstwertgefühl und Alternativen. Wehrt euch mit allen Mitteln!

31

Ich wünschte, ich wüsste, was ich unternehmen soll

In diesem Fall haltet ihr euch am besten genau an folgende Anweisungen:

1. Legt das Buch weg und geht nach unten.
2. Stellt sicher, dass eure Familienmitglieder oder Mitbewohner versorgt sind. Sagt ihnen, dass ihr eine Weile weg sein werdet.
3. Zieht für die Jahreszeit passende Kleidung an.
4. Wenn ihr nicht zufällig schon in London seid, bucht einen Flug dorthin.
5. In London geht ihr zum nächstbesten Bahnhof und kauft einen Fahrschein zur Euston Station.
6. Setzt euch in den Zug und entspannt oder schlaft eine Runde.
7. Verlasst die Station Richtung Euston Road (A501).
8. Überquert die Straße und findet den Upper Woburn Place (A4200).
9. Geht ungefähr einen Kilometer in südöstlicher Richtung, bis ihr zum Russell Square kommt.
10. In der Mitte des Platzes befindet sich ein kleiner öffentli-

cher Park mit dem wenig überraschenden Namen Russell Square Gardens.

11. Findet dort einen Baum mit der wissenschaftlichen Bezeichnung »Taxus baccata Fastigiata«, auch bekannt als »Irish Yew«.
12. Auf der Vorderseite des Baums ist eine metallene Plakette angebracht, die darauf hinweist, dass dieser Baum zu Ehren von T.S. Eliot gepflanzt wurde.
13. Auf der Rückseite der Plakette findet ihr eine kleine magnetische Box.
14. Im Innern der Box warten weitere Anweisungen auf euch.
15. Befolgt diese.

Wahrscheinlichkeit, dass die Erfüllung dieses Wunsches glücklich macht:
Unbekannt, bis ihr die Anweisungen befolgt habt.

32

Ich wünschte, ich könnte die perfekte schwarze **Skinny Jeans finden**

Mit der perfekten schwarzen Skinny Jeans verhält es sich wie mit einer eleganten Winterjacke. Oder einer Person, die bei *Germany's Next Topmodel* nicht die ganze Zeit dazwischenlabert. Oder der idealen Feuchtigkeitscreme für euren Hauttyp: Sie ist so entscheidend, aber so schwer zu finden.

Genau wie ein zuverlässiges kleines Schwarzes bildet die richtige Hose einen essenziellen Bestandteil eurer Garderobe, auf den ihr zu jeder Jahreszeit zurückgreifen könnt. Denn hat man erst einmal die richtige Hose gefunden, könnt ihr sie zu den verschiedensten Anlässen tragen, denn sie ist zeitlos und bequem.

Je nachdem, welchen Stil ihr anpeilt, könnt ihr euch mit engen schwarzen Jeans wie Kate Moss oder Audrey Hepburn fühlen. Tragt sie mit einer frisch gebügelten Bluse und Pumps im Büro oder mit T-Shirt, Sneakers und Lederjacke in eurer Freizeit. Oder macht einen auf Glam mit einem Seidentop und schwindelerregend hohen Stilettos.

Doch natürlich müsst ihr die Hose erst einmal kaufen. Wenn ihr keine Ahnung habt, wie ihr das anstellen sollt, dann probiert's doch mal mit unseren Anfängertipps. Damit kriegt ihr diesen klassischen Look schon hin.

Dünne Girls nehmen gerade geschnittene Hosen, die ihre Rundungen betonen. Egal ob kurze oder lange Hosenbeine, die Fashion-Welt liegt euch zu Füßen. Für den eher weiblichen Typ unter euch empfehlen wir Bootcut-Jeans oder welche mit hochsitzendem Schlag (aka Kick Flare).

Kürzere Beine werden durch eine High-Waist-Jeans optisch verlängert. Mit diesem kleinen Trick bekommen eure Beine schnell Supermodel-Maße. Na ja, fast.

Ist euer Oberkörper nicht ganz so lang, schnappt euch lieber eine Hose, die auf der Hüfte sitzt, damit auch die Proportionen stimmen.

Doch egal wie ihr gebaut seid: Hauptsache, die Hose sitzt. Niemand braucht einen Hosenbund, der euch in die Hüften schneidet, oder einen Saum, der am Boden schleift. Also achtet wenn möglich immer darauf, dass eure Hose ein paar Millimeter über den Knöcheln endet.

Seht ihr, so einfach ist das. Jetzt könnt ihr shoppen gehen. Wer's nicht so dicke hat, geht zu Zara, H&M oder Urban Outfitters, die mit dem dicken Portemonnaie treffen sich bei Hugo Boss oder Stella McCartney.

Teilt uns doch per E-Mail eure Größe mit, und einmal im Quartal ziehen wir den Gewinner einer neuen Hose.

Wahrscheinlichkeit, dass die Erfüllung dieses Wunsches glücklich macht:
Sieht gut aus. Schwarze Skinny Jeans gehören zur Grundausstattung, und das Wissen, dass ihr gerade die ideale Hose gekauft habt, kann eine erstaunliche Genugtuung sein.

33

Ich wünschte, ich könnte meine **Wohnung entrümpeln**

Jeder von uns hätte gern ein übersichtliches und aufgeräumtes Zuhause, doch kaum jemand kriegt's gebacken. Stattdessen fällt uns immer wieder auf, was für sinnlosen Kram wie antike Röhrenfernseher, Berge von alten Illustrierten und kleine Spielzeughunde aus China wir doch angehäuft haben.

Das Schwierigste beim Entrümpeln ist immer die Frage: Wo fängt man bei diesen Unmengen an Ramsch nur an?

Wir geben zu, es klingt wenig originell, aber am besten ist wirklich, ihr nehmt euch ungefähr eine halbe Stunde Zeit und räumt jeden Tag einen kleinen Teil eurer Wohnung auf. Fangt mit der Schreibtischoberfläche an, dann ein Nachttischkästchen, dann ein paar Schubladen. Vergesst vorerst den Rest der Wohnung, nehmt euch in aller Ruhe einen Raum nach dem anderen vor.

Fragt euch bei jedem Gegenstand: »Macht der mir noch Freude?« Wenn nicht, weg damit. Oder schenkt ihn der Wohlfahrt, dann kann jemand anders seine Wohnung damit zumüllen.

Diese Methodik ist rein zufällig auch die Grundlage von Marie Kondos Bestseller *Magic Cleaning: Wie richtiges Aufräumen Ihr Leben verändert*. Danke dafür, Marie.

Wenn ihr erst mal in Fahrt gekommen seid, werdet ihr feststellen, wie sich eure emotionale Bindung zu gewissen Gegenständen langsam löst und ihr immer entschlossener entrümpelt. Versucht's mal damit: Findet zehn Gegenstände zum Wegwerfen, zehn, die ihr spenden, und zehn, die ihr behalten wollt.

Vielleicht macht ihr ja daraus mit eurem Partner einen völlig albernen Wettbewerb, der in einer fröhlichen Kissenschlacht, endet.

Bleibt ihr am Ball, sollte die Wohnung nach nur 300 Jahren vollständig aufgeräumt sein. Kleiner Scherz. Ernsthaft, ihr werdet euch wundern, was man in einem Monat alles schaffen kann. Wie immer ist es das Wichtigste, einfach damit anzufangen.

Schreibt uns, und wir schicken euch ein paar Plastiksäcke, vielleicht das langweiligste Goodie aller Zeiten.

Wahrscheinlichkeit, dass die Erfüllung dieses Wunsches glücklich macht:
So grauenvoll spießig das auch klingen mag: Ein aufgeräumtes Zuhause ist wirklich etwas zutiefst Befriedigendes.

34

Ich wünschte, ich könnte zwei vernünftige Bücher im Monat lesen

Zwei sind aber auch verdammt viel. Fangt doch mit einem an, das ist machbar. Circa zehn Seiten am Tag werdet ihr ja wohl schaffen. Sollen wir euch was empfehlen? Dann schnappt euch eins von diesen zehn Büchern hier, das sind ein paar der originellsten und aufregendsten Romane der letzten Jahre:

- *In den Straßen die Wut* von Ryan Gattis. Brutaler, aber bockstarker Roman über die Rassenunruhen von 1992 in Los Angeles.
- *Stoner* von John Williams. Fünfzig Jahre nach seinem Erscheinen plötzlich ein Bestseller. Die Geschichte eines Professors, der vom Leben auf ganzer Linie enttäuscht wird.
- *Gun Machine* von Warren Ellis. Ein Hardboiled-Thriller mit absolut glaubhaften Charakteren.
- *Sweetbitter* von Stephanie Danler. Eine Coming-of-Age-Story, die in New York spielt und von den Versuchungen und Freuden von Essen, Wein und Kokain handelt.
- *Die Vegetarierin* von Han Kang. Durch einen Albtraum wird eine Frau zur Vegetarierin, sehr zum Unmut ihrer Familie. Dann wird's ziemlich abgefahren.

- *Der erste Sohn* von Philipp Meyer. Eine Geschichte über Mut und Freundschaft im alten amerikanischen Westen.
- *Lanzarote* von Michel Houellebecq. Angsteinflößendes Szenario aus Entfremdung und Hedonismus in einer kaputten Welt.
- *Schöne Ruinen* von Jess Walter. Zauberhafter und glamouröser Roman, der im Italien von 1960 und im Hollywood der Gegenwart spielt.
- *Auf dass uns vergeben werde* von A.M. Homes. Viele Leser waren schwer beeindruckt von der »Intensität« dieses Romans, wie es im Feuilleton hieß.
- *Gone with the Mind* von Mark Leyner. Die Geschichte spielt ausschließlich im Food Court eines Einkaufszentrums, und trotzdem kennt die Landschaft im Buch keine Grenzen.

Wenn ihr noch mehr Romanempfehlungen braucht oder die obigen euch nicht zusagen, schreibt uns eine Mail mit dem Titel des letzten Buches, das euch richtig gut gefallen hat. Wir schicken euch einen spannenden Vorschlag für euer nächstes.

Wahrscheinlichkeit, dass die Erfüllung dieses Wunsches glücklich macht:
Wie jeder weiß, stimuliert Lesen den Geist. Wer regelmäßig seinen Grips anstrengt, zögert damit im Alter Alzheimer und Senilität hinaus. Und mit einem Buch wirkt man in der Öffentlichkeit immer sexy.

35

Ich wünschte, die Leute würden nicht so schlecht über Teenager reden

Teenager haben Pickel, keine Ahnung, unaufgeräumte Zimmer, nervige Freunde, sind süchtig nach Games und Social Media, mies gelaunt und trotzig.

So zumindest das Klischee – vermutlich entsprungen aus der unterbewussten Eifersucht ausgebrannter Erwachsener, die Kids um deren viele Freizeit beneiden. Eine Perspektive, die völlig verkennt, dass Teenagern oft die grandiosesten Dinge gelingen und sie einfach cooler sind als unsereins.

Fünf Beispiele gefällig?

- Martin Odegaard spielt für Real Madrid und die norwegische Nationalmannschaft. Geboren wurde er 1998.
- Der 16-jährige Flynn McGarry arbeitet als voll ausgebildeter Koch in New York, sein 14-Gänge-Menü ist schon Wochen im Voraus ausgebucht.
- Olivia Hallisey hat ein erschwingliches, tragbares Testset zum Nachweis von Ebolaviren entwickelt und damit 2015 einen renommierten Forschungswettbewerb von Google gewonnen. Sie ist 17.

- Malala Yousafzai, mittlerweile volljährig, gilt weltweit als Symbolfigur für den Kampf um Schulbildung für Mädchen. Am 9. Oktober 2012 wurde ihr von einem Taliban in den Kopf geschossen, weil sie zur Schule gehen wollte. 2014 bekam sie den Friedensnobelpreis.
- Anfang 2015 erreichte die Golferin Lydia Ko die Spitze der Weltrangliste, und das im Alter von 17 Jahren, 9 Monaten und 8 Tagen. Damit brach sie den Rekord von Tiger Woods und wurde zur jüngsten Nummer eins aller Zeiten.
- Ehrenhalber müssen wir auch Mark Zuckerberg erwähnen, der als Teenager Facebook programmierte. 2015 versprach er anlässlich der Geburt seines ersten Kindes, 99 Prozent seines Gesamtvermögens von 45 Milliarden Dollar noch während seiner Lebenszeit zu spenden. Selbst der größte Zyniker muss zugeben, dass das eine wahnsinnig tolle Geste ist.

Wenn auch ihr einen Teenager kennt, der auf irgendeine Art die Welt verbessert, dann schreibt uns, und wir schicken ihr oder ihm ein Zeichen unserer Bewunderung.

Wahrscheinlichkeit, dass die Erfüllung dieses Wunsches glücklich macht:
Ziemlich hoch. Es ist kleinkariert und unfair, die Verdienste der nachfolgenden Generation zu ignorieren, auch wenn sie manchmal ein bisschen arg wehleidig sein kann.

36

Ich wünschte, ich hätte keine
Angst vorm Zahnarzt

Geschätzte zehn Prozent von uns empfinden übertriebene Angst vorm Zahnarzt. Es ist die dritthäufigste Phobie nach der Furcht vor Spinnen und Höhenangst.

Doppelt so viele Frauen leiden unter Zahnarztphobie, aber das liegt wahrscheinlich nur daran, dass Frauen ihre Ängste eher zugeben können als Männer.

Einem Besuch beim Zahnarzt blickt man aus den verschiedensten Gründen mit Schrecken entgegen. Dahinter kann eine schlimme Kindheitserinnerung stecken oder einfach die Angst vor Kontrollverlust und die Hilflosigkeit im Zahnarztstuhl.

Unsere Ängste bekommen eine noch größere Dimension, wenn man den Zusammenhang zwischen Psyche und Zähnen betrachtet. Nicht umsonst fallen sie uns in Albträumen häufig aus. In der Regel verbergen sich dahinter Versagens- oder Verlustängste, zum Beispiel in Bezug auf den Job oder die Beziehung.

Es gibt also genügend Gründe, warum so viele Menschen Angst vorm Zahnarzt haben. Dabei gilt es, gerade diese Angst zu überwinden. Denn wer Angst vorm Zahnarzt hat, ist womöglich generell gesundheitlich anfällig oder verfügt im Extremfall sogar über eine geringere Lebenserwartung. Es hat sich herausgestellt, dass schlechte Zähne oft mit lebensgefährlichen Krankheiten wie Herzleiden oder Lungenentzündung in Verbindung stehen. Au Backe!

Zum Glück kann auch die Angst vorm Zahnarzt überwunden werden, vor allem wenn man sich bewusst macht, woher sie stammt.

Wenn ihr schon beim Gedanken an den Zahnarzt ausflippt, schreibt uns, und wir mailen euch einen Step-by-step-Ratgeber, der wirklich hilft. Vorausgesetzt, ihr befolgt ihn gewissenhaft.

Wahrscheinlichkeit, dass die Erfüllung dieses Wunsches glücklich macht:
Angemessen. Betrifft ja nicht nur den Zahnarzt. Wer eine Phobie in einem bestimmten Lebensbereich überwindet, profitiert oft auch in anderen Bereichen davon.

37

Ich wünschte, ich könnte **meine Leidenschaft** zum Beruf machen

»Mach doch dein Hobby zum Beruf«, fällt häufig als Motivationsspruch, als wäre das der narrensichere Weg zu Traumberuf und Traumgehalt.

Dabei weiß jeder, dass die Leidenschaft ein schlechter Ratgeber ist – führt sie doch oftmals auf hochriskante und strapaziöse Abwege.

Dafür gibt es Gründe:

Zum einen ist nicht jede Passion die Basis eines brillanten Geschäftsmodells. Eine Studie der Universität von Quebec hat herausgefunden, dass 84 Prozent aller Studenten mit Leidenschaft ihren Interessen nachgehen, und davon haben neunzig Prozent mit Sport, Musik oder Kunst zu tun. Allerdings sind nur drei Prozent aller Berufe in den Bereichen Sport, Musik oder Kunst angesiedelt. Genau deswegen sind diese Jobs auch so hart umkämpft, und die meisten Anwärter scheitern schon am Berufsanfang.

Zum anderen ändern sich unsere Vorlieben und Leidenschaften im Leben öfter, als wir zugeben würden. Was uns mit achtzehn noch aus den Socken haut, ringt uns zwanzig Jahre später auf dem Höhepunkt unserer beruflichen Laufbahn vielleicht nur noch ein müdes Lächeln ab.

Es mag überraschend klingen, aber Menschen liegen mit ihren Prognosen darüber, was sie in der Zukunft glücklich machen wird, oftmals gehörig daneben. Häufig überschätzen wir die Nachhaltigkeit und die Langfristigkeit von positiven Veränderungen. Deshalb kann man sich selbst einen scheinbaren Traum wie z.B. die Arbeit bei einer Wohltätigkeitsorganisation erfüllen, nur um ein halbes Jahr später festzustellen, dass man dadurch auch nicht glücklicher geworden ist.

Zu guter Letzt ist es nicht allein die Leidenschaft, die einen erfolgreichen Geschäftsmann ausmacht. Wichtiger ist die Fähigkeit, die Bedürfnisse der Kundschaft vorherzusehen und sie entsprechend zu bedienen. Ihr seid vielleicht leidenschaftliche Bergwanderer – das heißt aber noch lange nicht, dass ein Laden für Spazierstöcke und Rucksäcke automatisch eine gute Geschäftsidee ist.

Auch wenn es noch so komisch klingt: Macht eure Leidenschaft lieber nicht zum Beruf. Stattdessen sollten wir uns alle fragen, wie wir die durchschnittlich 80.000 Arbeitsstunden im Leben eines Menschen am sinnvollsten nutzen können. Außerdem sollten wir uns die Frage stellen, ob wir in dem Beruf, der uns vorschwebt, überhaupt erfolgreicher sein könnten als in dem, den wir gerade ausüben.

Wahrscheinlichkeit, dass die Erfüllung dieses Wunsches glücklich macht:
Nicht so hoch, wie man denken könnte. Seinen Vorlieben zu folgen ist Klischee und mieser Ratschlag zugleich, eine Art Anleitung zum Ruin. Der Versuch, eure Leidenschaft zu Geld zu machen, ist ihr sicherer Tod, so paradox das auch klingen mag.

38

Ich wünschte, ich wäre Weinkenner

Reicht's nicht einfach zu bluffen?

Ein Weinkenner zu werden kann viele Jahre dauern und Spesen verursachen, die euch die Tränen in die Augen treiben. Außerdem ist es eines der Fachgebiete, bei denen ihr eure Zuhörer mit zunehmendem Wissen nur noch mehr langweilt.

Darum tut doch einfach nur so, als ob. Gebt euch als Koryphäe auf eurem Gebiet aus, täuscht genügend Expertise vor – und ihr werdet in den seltensten Fällen auf Widerspruch stoßen. Vor allem, weil die meisten bei Fachsimpeleien über Wein sowieso abschalten.

Deshalb zeigen wir euch jetzt, wie man auch ohne einen Funken Ahnung wie ein echter Wein-Snob klingt.

Alle Weine werden aus Trauben hergestellt. Das wusstet ihr, oder? Aber nicht alle Weine sind nach Traubensorten benannt, so wie ein Chardonnay und ein Cabernet Sauvignon. Die meisten, wie ein Bordeaux oder ein Rioja, heißen wie die Region, aus der sie stammen. Setzt man dieses prosaische Vorwissen richtig ein, lässt sich schon jede Menge Eindruck schinden.

Schwenkt den Wein im Glas, schnüffelt daran und nuschelt was von »Der korkt doch hoffentlich nicht«. Das bedeutet: Der Korken hat versagt, und der Wein ist jetzt mit einer Chemikalie namens TCA verseucht. Jetzt nehmt ihr einen Schluck und erklärt ihn gönnerhaft für »okay«. Damit liegt ihr meistens richtig, denn statistisch gesehen korken weniger als fünf Prozent aller Weine.

Handelt es sich um Rotwein, dann verkündet einfach, er rieche nach Beeren. Egal welche – Brombeere und Himbeere eignen sich vermutlich am besten. Bei einem Weißwein murmelt ihr was von Zitrone. Wenn das alles nichts hilft, denkt euch was aus. Niemand wird euch widersprechen. Im schlimmsten Fall denken eure Zuhörer, ihr seid schräge Typen oder einfach nur ein bisschen größenwahnsinnig. Und je mehr sie saufen, desto plausibler erscheint ihnen auch die absurdeste Umschreibung.

Solltet ihr aber tatsächlich einen legitimeren Weg hin zum Titel »Master of Wine« einschlagen wollen – und davon gibt es im Moment nur 350 weltweit –, dann schreibt uns, und wir schicken euch einen kleinen Weinführer.

Wahrscheinlichkeit, dass die Erfüllung dieses Wunsches glücklich macht:
Gering. Maximal mittel. Ist aber eigentlich auch egal.

39

Ich wünschte, die Leute **hätten mehr Verständnis** für unsichtbare Krankheiten

Unter unsichtbaren Krankheiten versteht man solche, die sich nicht oder kaum äußerlich feststellen lassen. Die Betroffenen wirken gesund, leiden aber in Wirklichkeit an entsprechenden Krankheiten, die ein »normales« Leben unmöglich machen.

Darunter fallen zum Beispiel Rheuma und Arthritis, Migräne oder Rückenschmerzen, aber auch neurologische Erkrankungen wie Hirnhautentzündung, Fibromyalgie oder das Chronische Erschöpfungssyndrom.

Weil sich keine äußerlichen Symptome zeigen, werden die Betroffenen häufig als voll alltagstauglich eingestuft. Es ist daher schwierig, mit einem entsprechenden Leiden ernst genommen zu werden, die notwendige medizinische Versorgung oder auch Krankengeld zu erhalten und den Mitmenschen glaubwürdig zu vermitteln, dass dieser Zustand ebenso schmerzhaft wie ein gebrochener Arm oder Fuß oder eine noch deutlich größere Belastung sein kann.

Betroffene sind aufgrund ihrer Leiden stark eingeschränkt und häufig von der Außenwelt isoliert. Es mangelt ihnen an Tatkraft und Selbstvertrauen. Ihre Energie ist eine knappe Ressource, die sie nicht sinnlos verschwenden dürfen, denn es kann Tage dauern, die nötige Kraft für einfachste Aktivitäten wie Einkaufen, Freunde treffen oder Ausgehen aufzubringen. Sie quälen sich durch Arbeit, Schule, Universität und Sozialleben – selbst jeder noch so kleine Spaziergang wird zum Kampf.

Besagte Krankheiten werden leider allzu oft fehlinterpretiert, ignoriert oder gar als Müdigkeit abgetan.

Wenn auch ihr mit einer unsichtbaren Krankheit leben müsst und frustriert darüber seid, dass euch in der Bahn oder sonst wo in der Öffentlichkeit keiner seinen Platz anbietet, schreibt uns eine Mail, und wir schicken euch etwas das hilft. Hoffentlich.

Wahrscheinlichkeit, dass die Erfüllung dieses Wunsches glücklich macht:
Hoch und von signifikanter Wirkung. Es ist fürchterlich, wenn Schmerzen nicht ernst genommen werden. Selbst ein kleines bisschen Verständnis kann viel verändern.

40

Ich wünschte, ich würde nicht andauernd an mir zweifeln

Im Grunde hält sich doch niemand für ausreichend cool, schön, schlau oder lustig. Ob Mozart oder Messi, selbst die größten Genies werden von Selbstzweifeln geplagt. Intelligente Menschen durchleben nun einmal kleinere und größere innere Krisen. Ihr Selbstvertrauen ist im ständigen Fluss, und das ist auch völlig natürlich. Dass man mit dem Alter mehr in sich ruht und auf sich vertraut, ist leider auch nur ein Mythos.

Hier sind ein paar Verhaltenstipps, die ihr ernster nehmen solltet, als ihr vielleicht denkt. Denn nur so steigt euer Maß an Selbstsicherheit. Zugegeben, das ist harte Arbeit, aber von nichts kommt bekanntlich nichts.

1. Vergleicht euch nicht mit anderen. Das Leben der anderen wirkt immer strukturierter, als es in Wirklichkeit ist.
2. Löst euch langsam, aber bestimmt von den Leuten, die euch ein schlechtes Gefühl vermitteln. Es muss ja nicht gleich auf eine Konfrontation hinauslaufen, wobei auch die eine reinigende Wirkung haben kann. Wie schon Mark Twain schrieb: »Halte dich von Menschen fern, die deine Ambitionen kleinreden wollen. Das tun nur die Kleingeis-

ter, die Großen geben dir das Gefühl, dass ein Großer aus dir wird.«

3. Fragt euch nicht dauernd, ob ihr dazugehört. Die am meisten bewunderten Leute der Welt sind Querdenker, denn nur eine unkonventionelle Frau oder ein unkonventioneller Mann kann die Welt verändern. Es gibt wirklich keinen Grund, sich anzupassen.
4. Sagt öfter mal Nein. Wählt eure Vorhaben sorgfältig aus. So haltet ihr eher, was ihr versprecht, und das erhöht euer Selbstwertgefühl.
5. Lasst die schmerzhaften Erinnerungen links liegen, sie kosten euch nur Selbstvertrauen. Wenn ihr Schwierigkeiten habt, über eine Trennung hinwegzukommen, denkt daran: Die süßeste Rache ist ein zufriedenes Leben.
6. In achtzig Prozent der Fälle ist dabei sein alles. Also seid dabei. Ruft an. Bewerbt euch um den Job. Sagt eure Meinung. Unternehmt den ersten Schritt. Ignoriert die innere Stimme, die euch verunsichert und euch sagt, ihr wärt doof oder langweilig. Sie lügt. Lasst euch von niemandem etwas gefallen.

Schreibt uns, und wir schicken euch einen aufmunternden Spruch zum Ausdrucken und An-die-Wand-Hängen.

Wahrscheinlichkeit, dass die Erfüllung dieses Wunsches glücklich macht:
Hoch. Selbstvertrauen wirkt überzeugend, sexy und charmant. Entweder ihr kultiviert es oder lernt, es völlig unbekümmert vorzutäuschen.

41

Ich wünschte, ich könnte den Kilimandscharo besteigen

Könnt ihr doch. Soll eine einzigartige Erfahrung sein, was man so hört. Herrlich, herausfordernd und erhebend zugleich. Zudem für die meisten von uns eine machbare Aufgabe, wenn auch nicht ohne gewissenhafte Vorbereitung.

Es folgen fünf Aspekte, die ihr bei der Besteigung des höchsten frei stehenden Bergs der Welt beachten solltet:

1. Fitness. Ihr seid fünf bis sechs Stunden am Tag unterwegs. Herz-Kreislauf-Übungen im Vorfeld sind natürlich unerlässlich, aber ihr müsst auch kein Übermensch werden und einen doppelten Marathon laufen können. Tatsächlich scheitern manchmal ausgerechnet die Superathleten, weil sie zu schnell aufsteigen und sich nicht genügend Zeit zur Akklimatisierung gönnen. Natürlich benötigt ihr dennoch Ausdauer und Willenskraft in rauen Mengen, und die könnt ihr euch im Vorfeld beim Bergwandern aneignen.
2. Höhenlage. Die mit Abstand häufigste Ursache für den Abbruch einer Besteigung ist die Höhenkrankheit. Der

beugt man am besten durch langsames Klettern und eine ausgiebige Pause am dritten Tag vor, damit sich der Körper erholen kann. Hört auf eure Begleiter und steigt im Zweifelsfall vorsichtig wieder ab. Kopfschmerzen und Schwindel sind erste Anzeichen, dass euch die Höhe nicht bekommt.

3. Ausrüstung. Besorgt euch ein ordentliches Bergsteiger-Kit und geeignete Kleidung. Ohne Thermounterwäsche, Fleece und eine zuverlässige Outdoor-Jacke geht nichts. Dazu natürlich Bergsteigerstiefel, Handschuhe und auf jeden Fall einen wasserfesten Schlafsack.
4. Verpflegung. Ihr werdet eine Menge Energie verbrauchen, deshalb sind Energieriegel, Kekse und Schokolade unverzichtbar – selbst wenn euer Appetit nicht so groß wie sonst ausfällt.
5. Charity. Eine der schönsten und beliebtesten Arten, den Berg zu bezwingen, ist, sich einer wohltätigen Organisation anzuschließen, die Menschen bei der Besteigung unterstützt. Gegen eine geringe Registrierungsgebühr kümmern sie sich um alles, als Gegenleistung spendet ihr eine festgelegte Summe. Googelt doch mal »Kilimanjaro Charity«.

Wenn ihr den Kilimandscharo für wohltätige Zwecke erklimmen wollt, schreibt uns eine Mail mit dem Link zu eurer Spendenseite, und wir sponsern euch.

Wahrscheinlichkeit, dass die Erfüllung dieses Wunsches glücklich macht:
Hoch. Vorausgesetzt, ihr seid fit. Es ist eine herausragende Leistung, und ihr werdet euch ein Leben lang mit Freude daran erinnern.

42

Ich wünschte, mein Kind würde in der Schule **nicht schikaniert**

Wer da selbst oder mit seinem Kind durchmusste, weiß: Mobbing ist eine furchtbare Angelegenheit.

Eine deprimierend hohe Anzahl von Kindern macht entsprechende Erfahrungen. Laut einer Studie aus Großbritannien wurde die Hälfte aller Kinder und Jugendlichen unter achtzehn Jahren schon einmal schikaniert, ein Viertel davon sogar täglich. Vierzig Prozent wollten bis vor Kurzem nicht zugeben, dass sie Opfer von Mobbing waren, dreißig Prozent neigen später zu Selbstverletzung, und sechzig Prozent attestieren einen negativen Einfluss auf ihre schulische Laufbahn. In den USA bleiben jeden Tag 160.000 Schüler aus Angst vor Schikane zu Hause.

Die dabei hervorgerufenen emotionalen Schäden können sich ein Leben lang auswirken. Nicht wenige Erwachsene erinnern sich sofort wieder an die Namen ihrer Peiniger aus der Schulzeit. Für die Eltern ist dieser Zustand unerträglich. Sie sind wütend und besorgt um das Wohlergehen ihrer Kinder in einer Anstalt, die gerade das sicherstellen soll. Sie selbst rasten schnell aus, wenn ihr Kind gemobbt oder eingeschüchtert wird, und schaffen damit unabsichtlich ein fatales Klima, in dem ein Kind sich nicht öffnen kann und womöglich auch in der Folge nicht über seine Probleme sprechen will.

Auch wenn es schwerfällt, ruhig zu bleiben und weiterhin überlegt und verantwortlich zu handeln, so erfordert die Situation eine rationale und kohärente Herangehensweise. Andernfalls fühlen sich eure Kinder mit dem Problem alleingelassen.

Und auch wenn das Bedürfnis noch so groß ist: Vermeidet es, auf die Schuldigen einzubrüllen oder ihre Väter zu einem Boxkampf auf dem Spielplatz herauszufordern.

Falls euer Nachwuchs in der Schule schikaniert wird, schreibt uns, und wir schicken euch ein kleines Präsent, das ihm beim Durchhalten hilft.

Wahrscheinlichkeit, dass die Erfüllung dieses Wunsches glücklich macht:
Unwahrscheinlich hoch. Es ist schrecklich, wenn Kinder sich gegenseitig mobben. Deshalb ist es enorm wichtig, solche Situationen unter Kontrolle zu bekommen.

43

Ich wünschte, ich könnte **einen kleinen Mops** adoptieren

Falls ihr ernsthaft darüber nachdenkt, einen Mops bei euch aufzunehmen, solltet ihr zehn Dinge wissen:

1. Der Mops gehört zu den ältesten Hunderassen der Welt und wurde ursprünglich als Schoßhund für den Kaiser von China gezüchtet. Deshalb wirkt er so stattlich und ist gleichzeitig unglaublich liebenswert, einfühlsam und offenherzig.
2. Ein Mops ist ein treuer Gefährte und am liebsten ständig in Gesellschaft seines Besitzers. Trotz seines mürrischen Gesichtsausdrucks liebt er Menschen und folgt seinem Frauchen/Herrchen überallhin.
3. Das macht ihn zum idealen Haustier für Kinder, aber auch für ältere Leute, denn der Mops braucht kaum Auslauf.
4. Der Mops ist auf seine Art durchaus schlau, besitzt aber nicht den geringsten Orientierungssinn. Er ist keins von den Tieren, die selbst nach Hause finden, wenn sie sich verlaufen haben.
5. Vorsicht in der Nähe von Wasser. Mit seiner breiten und

schweren Brust ist der Mops alles andere als ein exzellenter Schwimmer.

6. Im Grunde muss man sie eh ständig im Auge behalten, denn leider wird kaum eine Hunderasse so oft gemopst.
7. Der Mops hat zwar kurzes Fell, verliert aber trotzdem jeden Tag Haare. Nichts für Hygienefanatiker.
8. Je älter er wird, desto mehr schnarcht der Mops und wird anfällig für Atembeschwerden.
9. Promis lieben Möpse. Eine Liste prominenter Mopsbesitzer würde den Rahmen sprengen, aber George Clooney steht auf sie. Und Jessica Alba. Und alle anderen Prominenten auf der Welt.
10. Eine Gruppe von Möpsen heißt im Englischen »grumble« (bedeutet auf Deutsch so was wie »Knurries«). Wie süß ist das denn?

Wenn ihr euch wirklich unbedingt einen Mops zulegen wollt, schreibt uns eine Mail. Wir lassen euch per Mail alles Wissenswerte zukommen.

Wahrscheinlichkeit, dass die Erfüllung dieses Wunsches glücklich macht:
Ganz gut. Für viele sind Hunde die besseren Menschen. Sie sind immer gut drauf, lernen schnell und dürfen ungestraft an Fremden lecken.

44

Ich wünschte, ich würde meinen **Seelenverwandten finden**

Den Seelenverwandten zu finden ist kein Zuckerschlecken. Wie so manche Lebensaufgabe kann die Suche nach ihm sogar zum Albtraum werden. Sie kann sich so nervenaufreibend gestalten, dass man sich fragt, warum man überhaupt noch datet, wenn man doch zu Hause im Schlafanzug sitzen, *mieten, kaufen, wohnen* glotzen und was vom Asiaten in sich hineinstopfen könnte. Immer noch besser, als mit Wildfremden in einer Pizzabude zu sitzen und sie zu fragen, wie viele Geschwister sie haben.

Natürlich verschafft einem die explosionsartige Ausbreitung von Online-Dating mehr Auswahl als je zuvor. Man könnte aber auch behaupten, dass durch oberflächliche Apps wie Tinder das vorsichtige Kennenlernen entwertet wird. So rückt das ultimative Ziel, jemanden zu treffen, mit dem man sich das Älterwerden vorstellen kann, in noch weitere Ferne.

Okay, hier ist unser Vorschlag. Wir helfen euch, die Person zu finden, zu der ihr euch zutiefst und ganz von selbst hingezogen fühlt. Wenn ihr euren Seelenverwandten sucht, mailt uns folgende Infos:

- Alter, Geschlecht, Wohnort
- Worauf es euch bei einem Seelenverwandten ankommt
- Was ihr besser könnt als neunzig Prozent der Bevölkerung
- Den Titel des Buchs, das ihr zuletzt gelesen habt
- Ein Ausschlusskriterium – was ihr bei einem Partner auf keinen Fall tolerieren könntet

Wir schauen uns die Einsendungen genau an und prüfen, wer auf den ersten Blick zusammenpasst. Dann schicken wir eure Antworten – natürlich streng anonym – an die Person, mit der ihr euch gut verstehen könntet … und umgekehrt.

Wenn ihr beide mit einem Treffen einverstanden seid, stellen wir euch gegenseitig per E-Mail vor, und ein Leben voller Glückseligkeit kann beginnen. Genial simpel, kostet nichts und kann unmöglich schiefgehen.

Solltet ihr heiraten, müsst ihr uns nicht in eurer Hochzeitsrede danken. Andererseits wär's schon komisch, wenn ihr's nicht tut.

Wahrscheinlichkeit, dass die Erfüllung dieses Wunsches glücklich macht:
Geht so. Nein, im Ernst: Ein Seelenverwandter ist jemand, dem ihr absolut alles anvertrauen könnt. So einen Menschen braucht jeder.

45

Ich wünschte, ich könnte über den Tod meines Partners hinwegkommen

Trauer ist eine äußerst seltsame Angelegenheit.

Obwohl es uns gerade noch einigermaßen gut ging, ist das sorglose Gestern plötzlich nur noch ein flüchtiger Gedanke und die Welt um uns herum eine völlig andere.

Eine der merkwürdigsten Eigenschaften von Trauer ist die Tatsache, dass es einen innerlich zerreißt, während nach außen hin alles seinen gewohnten Gang geht. Dass jemand ganz akut leidet, während »jemand anderes gerade etwas isst, ein Fenster öffnet oder einfach nur gelangweilt dahinschlendert«, wie es bei W.H. Auden heißt.

Die berüchtigten fünf Phasen der Trauer – Leugnen, Zorn, Verhandeln, Depression und Akzeptanz – mögen dabei helfen zu verstehen, was mit einem passiert. Aber Trauer ist nun mal keine Bahn, die immer brav an der nächsten Station hält. Sie ist unendlich kompliziert und chaotisch. Oder wie C.S. Lewis das in seinem Buch *Über die Trauer* formuliert, wenn er über den Tod seiner Frau schreibt:

»Niemand hat mir gesagt, wie ähnlich sich Trauer und Angst anfühlen. Ich habe keine Angst, und dennoch fühlt es sich so an. Es ist dasselbe flaue Gefühl im Magen, dieselbe

Unruhe, die Zerrissenheit, das schwere Schlucken. Manchmal ist es auch wie angetrunken sein oder wie nach einer Gehirnerschütterung. Es gibt eine unsichtbare Wand zwischen mir und der Welt. Es fällt mir schwer, den Worten anderer zu folgen, und doch will ich, dass sich alles um mich dreht.«

Trauer nimmt uns den Glauben, raubt uns den Schlaf, kostet uns Vernunft und Funktionalität im Alltag und zerstört unsere Beziehungen. Am Ende stehen wir immer allein mit ihr da, schiffbrüchig mitten im Sturm. Immer wenn wir gerade Land sehen, zieht sie uns wieder unter Wasser.

Und genau darin liegt womöglich auch die Lösung, falls es denn überhaupt eine gibt: Statt gegen den Strom anzuschwimmen und uns Kräften entgegenzustellen, denen wir einfach nicht gewachsen sind, sollten wir uns nicht gegen diese Gefühle wehren und uns damit zufriedengeben, dass sie irgendwann weniger werden. Und wir sollten uns der Tatsache bewusst sein, dass wir danach nicht mehr derselbe Mensch sein werden, im Guten wie im Schlechten.

Wenn ihr erst kürzlich jemanden verloren habt, meldet euch, und wir senden euch ein großartiges Essay, das euch hoffentlich weiterhilft.

Wahrscheinlichkeit, dass die Erfüllung dieses Wunsches glücklich macht:
Naturgemäß hoch. Niemand trauert auf dieselbe Art und Weise, aber jeder sollte Hilfe annehmen und mit anderen darüber reden.

46

Ich wünschte, ich könnte **als humanitärer Helfer** in Afrika arbeiten

Das ist nichts, was man so nebenbei macht. Man bekennt sich dazu, vielleicht mehr als zu jedem anderen Beruf. Es ist kein Selbstläufer für Sinnsuchende.

Wir kennen jemanden, der schon auf dem Balkan, in Israel, dem besetzten Teil Palästinas und fast überall in Afrika tätig war. Er hat Dinge gesehen und zum Positiven zu verändern versucht, die sich die meisten von uns nicht einmal vorstellen können. Er hat uns erzählt, was ihr wissen müsst:

- Ihr werdet an Orte reisen, an die sich kein Tourist oder Urlauber verirrt. Abgelegene, schwer erreichbare Orte. Es ist ein einzigartiges Erlebnis, aber der Alltag ist hart: kaum fließendes Wasser, fragwürdiges Essen und ein hohes Krankheitsrisiko (fiese Sachen wie Typhus, Cholera etc.).
- Ihr arbeitet Hand in Hand mit den fähigsten Anwälten, Ärzten, Ingenieuren, Wirtschafts-, Agrar-, Ernährungs- und Kommunikationswissenschaftlern und Experten für Telekommunikation. Das macht demütig und spornt euch zugleich an.

- Ihr werdet vor allem in Afrika ein paar der widerstandsfähigsten und bemerkenswertesten Menschen der Welt kennenlernen – Kinder, alte Leute, Frauen und Männer, die an den Folgen bewaffneter Konflikte und Naturkatastrophen leiden, aber nie ihren Optimismus, ihren Lebensmut oder ihr Lächeln verloren haben.
- In Afrika hat der Krieg, wie eigentlich überall, zu unaussprechlichen Gräueltaten geführt, die wir uns zu Hause auf unserem gemütlichen Sofa kaum vorstellen können. Darauf kann man sich nicht vorbereiten, und man erholt sich auch nur schwer wieder davon.
- Indem man anderen hilft, begibt man sich im Zweifelsfall selbst in Lebensgefahr. Immer öfter droht humanitären Helfern Gefahr durch bewaffnete Konflikte. Sie werden selbst zum Opfer von Diebstahl, Entführung oder Mord.

Wenn ihr euch mal ernsthaft mit jemandem austauschen wollt, der das alles am eigenen Leib erfahren hat, meldet euch per E-Mail, und wir arrangieren das.

Wahrscheinlichkeit, dass die Erfüllung dieses Wunsches glücklich macht:
Es braucht schon mehr als das Herz auf dem richtigen Fleck, um ein guter humanitärer Helfer zu werden. Bevor ihr den nächsten Schritt unternehmt, vergewissert euch, dass ihr über die nötigen Fähigkeiten verfügt und auf das Leid gefasst seid, dem ihr jeden Tag von Angesicht zu Angesicht ausgesetzt sein werdet.

47

Ich wünschte, ich wäre nicht so ein Kontrollfreak

Ihr habt Angst, dass ihr kontrollsüchtig seid? Dann stimmt das vermutlich auch.

Immerhin zerbrecht ihr euch den Kopf darüber. Die meisten Kontrollfreaks sind sich dessen gar nicht bewusst und merken nicht, wie sehr sie ihren Mitmenschen mit ihrem Verhalten auf die Nerven gehen.

Kontrollsüchtige stellen sich ihre Zukunft in viel zu vielen Details vor, an jedes kommende Ereignis, jedes Gespräch und jeden Sonntagsbrunch haben sie spezifischste Erwartungen. Natürlich hat das Leben oft ganz andere Pläne, und dann unterscheidet sich die Realität so stark von ihrer Idealversion, dass sie komplett überreagieren. Das ist nicht nur ein sinn-, sondern auch ein rücksichtsloses Verhalten, mit dem man seine Mitmenschen vergrault.

Was man dagegen unternehmen kann? In jedem Fall solltet ihr loslassen lernen und anerkennen, dass auch andere intelligent und zielstrebig sind. Vielleicht sogar mehr als ihr, nur auf eine weniger nervige Art und Weise. Okay, das war gemein, aber Kontrollfreaks sind nun einmal Egomanen, also macht euch locker.

Wie immer, wenn man eine neue Fähigkeit erlernt, macht Übung den Meister – das gilt auch fürs Entspannen. Nehmt euch also zunächst einen kleinen Bereich eures Lebens vor, in dem ihr um jeden Preis gelassen bleibt. Glücksgefühle entstehen oft aus verminderter Erwartungshaltung, also erzeugt keine perfekte Vorstellung in eurem Kopf.

Lasst doch mal jemand anderen das Essen bestellen und den Lieferservice ein Loch wegen Nachhaltigkeit und Bonuspunkten in den Bauch fragen.

Oder fahrt doch mal in Urlaub, ohne bereits online jeden Zentimeter eurer Finca ausgecheckt zu haben. Wenn ihr dann dort seid, weckt eure Mitreisenden nicht jeden Morgen auf, um sie auf Exkursionen zu irgendwelchen öden Kathedralen zu zwingen, die im Reiseführer stehen.

Oder delegiert bei der Arbeit einfach mal die Projektleitung und brüllt nicht ständig auf eure armen Untergebenen ein. Oder geht einfach mal ohne Ziel spazieren. Oder lasst euren Partner die Straßenkarte lesen. Oder übt doch mal 24 Stunden an nichts und niemandem Kritik.

Wenn ihr Probleme mit Kontrollsucht habt, mailt uns, und wir senden euch eine Art Gegenmittel.

Wahrscheinlichkeit, dass die Erfüllung dieses Wunsches glücklich macht:
Höher, als ihr euch eingestehen wollt. Die meisten werden es euch nicht ins Gesicht sagen, aber insgeheim geht ihr den Leuten extrem auf den Zeiger.

48

Ich wünschte, die Medien würden nicht so viel Negatives berichten

Schlechte Nachrichten verkaufen sich besser. Katastrophen sorgen für Einschaltquoten, höhere Auflagen und mehr Klicks.

Üblicherweise haben gute Nachrichten nicht denselben Effekt. Würde man einen Haufen Journalisten zusammentrommeln und sie eine Zeitung mit ausschließlich positiven und optimistischen Artikeln herausgeben lassen, könnte man davon ausgehen, dass das Projekt nach einem halben Jahr als gescheitert gelten würde.

Die Ausnahme sind Großereignisse wie Olympische Spiele oder die Rettung der chilenischen Minenarbeiter. Dennoch kann man statistisch nachweisen, dass Negativschlagzeilen bei den meisten Lesern besser ankommen.

Das liegt nicht daran, dass wir allesamt leicht schizophrene Spanner sind, die sich am Unglück anderer ergötzen, sondern ist die Folge einer tief liegenden neurologischen Programmierung.

Es ist ein Urinstinkt, Gefahren zu meiden und gleichzeitig auf sie vorbereitet zu sein. Unser Verstand ist darauf gepolt, umgehend auf negative Reize zu reagieren. Deshalb springen wir schneller auf schlechte Nachrichten an als auf gute. Sie stellen schließlich die größere Bedrohung dar.

Die Medien bedienen genau diesen physiologischen Reflex und unterfüttern ihn mit noch mehr schlechten Nachrichten. Dadurch sprechen sie den Teil unseres Gehirns an, der auch von Horrorfilmen oder rasanten Thrillern stimuliert wird.

Das wird sich auch in Zukunft nicht ändern, und doch zermürbt es uns auf Dauer, ständig in Angst und Schrecken versetzt zu werden.

Immerhin wurde auch über Crowdwish – wahrlich ein Sammelsurium aus guten Nachrichten – weltweit von zahlreichen Medien berichtet, und dafür sind wir sehr dankbar. Erzählt euren Freunden von uns, verbreitet die frohe Kunde. Dann schreibt uns eine E-Mail, und wir bedanken uns bei euch. Ehrlich.

Wahrscheinlichkeit, dass die Erfüllung dieses Wunsches glücklich macht.
Gering. Ob wir es wahrhaben wollen oder nicht, die Leute lesen gerne Artikel über unschöne Dinge und bedrohliche Vorfälle.

49

Ich wünschte, ich wäre besser beim Small Talk

Viele Menschen hassen Small Talk. Entweder sind sie zu schüchtern und wissen nicht, was sie sagen sollen. Oder sie halten ihn für trivial, bedeutungslos, vermissen den Tiefgang eines »echten« Gesprächs.

Tatsächlich erfüllt Small Talk eine wichtige Aufgabe. Er schafft eine Vertrauensbasis für nachfolgende authentischere Gespräche und persönliche Beziehungen.

Einige von uns haben Angst, dass sie langweilig oder unbeholfen rüberkommen oder ihnen zu schnell der Gesprächsstoff ausgeht. Solche Bedenken können natürlich schnell zur selbsterfüllenden Prophezeiung werden. Beginnt ihr ein Gespräch mit der Befürchtung, es könnte uninteressant und verstockt werden, wird es vermutlich genau so ablaufen.

Eurer Angst vor gesellschaftlichen Blamagen kommt ihr am ehesten bei, indem ihr euer eigenes Unbehagen ignoriert und euch voll auf das Wohlbefinden eures Gegenübers konzentriert. Das ist das ganze Geheimnis. Beschäftigt euch nicht mit euch selbst, sondern konzentriert euch aufs Zuhören. Bezieht den anderen mit ein und gebt ihm ein gutes Gefühl. Das hat den Effekt, dass ihr euch selbst gleich viel wohler fühlen werdet. Sucht euch Gesprächspartner, denen es eurer Einschätzung nach genauso geht, und sorgt dafür, dass sie sich wohlfühlen. So helft ihr euch selbst.

Wenn das nicht funktioniert, denkt an die weisen Worte von Aristoteles: »Der Mensch macht sich eine bestimmte Eigenschaft zu eigen, indem er sich auf bestimmte Weise verhält. Wir werden gerecht durch gerechtes Handeln, maßvoll durch maßvolles Verhalten und mutig durch mutiges Handeln.« Oder anders gesagt: Tu so, als ob, dann bist du auch wer.

Falls alle Stricke reißen, lasst euch gesagt sein: Schüchternheit hat auch immense Vorteile. Bescheidenheit ist ein attraktives Charaktermerkmal, eure Leisetreterei kann eine beruhigende Wirkung auf andere haben, und vermutlich seid ihr zudem ein vertrauenswürdiger, belastbarer und selbstständiger Typ. Alles ganz wunderbare Eigenschaften.

Ein paar der größten literarischen Heldenfiguren sind eher wortkarg: Jay Gatsby, Holden Caulfield, Jane Eyre, Frank Cauldhame und I-Aah aus *Winnie Puuh*.

Schreibt uns eine Mail, und wir senden euch eine Anleitung, wie man sich auf dem gesellschaftlichen Parkett ganz entspannt bewegt.

Wahrscheinlichkeit, dass die Erfüllung dieses Wunsches glücklich macht:
Ganz okay. Die Kunst der Konversation ist nicht leicht zu meistern. Aber wer Angst hat, auf der Party allein in der Ecke zu stehen, geht im schlimmsten Fall erst gar nicht hin.

50

Ich wünschte, Geld würde nicht die Welt regieren

Bei uns trudeln eine Menge solcher Utopien ein, aber leider erweisen sich die meisten in der Praxis als nutzlos. Es handelt sich um die Art von halbherzigen Debatten, wie sie Studenten, die gerade mit dem Kiffen angefangen haben, nachts um halb drei führen.

Für manche klingt eine Welt ohne Geld wie das Paradies, für andere naiv und nach Kommunismus.

Es lässt sich natürlich nicht abstreiten, dass wir alle durch Werbung, Konsumanreize und brutalen Ehrgeiz konditioniert sind. Wir versuchen, unsere mentalen Probleme auf materielle Art zu lösen, und wundern uns, warum uns das nicht glücklich macht.

Warum also konzentrieren wir uns nicht mal auf die Dinge im Leben, die wichtiger sind als Geld? Hier sind zehn: Hunde. Gilmore Girls. Liebe. Familie. Freunde. Kunst. Kuchen. Freizeit. Sex. Strände.

Aber seien wir nicht naiv. Letztendlich brauchen wir Wirtschaftswachstum, um Jobs und damit Wohlstand und soziale Stabilität zu schaffen. Dadurch verringert sich die Armut.

So gesehen regiert Geld dann eben doch die Welt und macht sie vor allem in Entwicklungsländern sogar zu einem besseren Ort. Wobei man die möglichen Auswirkungen auf die Umwelt nicht totschweigen darf.

Auf einer individuellen Ebene gilt aber: Geld allein macht nicht glücklich, und wer mehr verdient, dem geht's noch lange nicht besser. An diesem totgerittenen Gaul ist in der Tat was dran, denn Umfragen haben ergeben, dass die Zufriedenheitskurve ab einem Jahresgehalt von etwa 55.000 Euro stark nach unten geht.

Es bringt nichts, Geld zu hassen. Tatsächlich wird auch viel Gutes damit angestellt. Allein im letzten Jahr haben US-Amerikaner mehr als eine Milliarde Dollar an wohltätige Organisationen gespendet, und überraschend viele Superreiche wollen einen Großteil ihres Vermögens noch zu Lebzeiten einem gemeinnützigen Zweck vermachen.

Immer noch besorgt wegen der teuflischen Macht des Geldes? Dann meldet euch, und wir senden euch eine umfassende Anleitung, wie man dem kapitalistischen System entkommt.

Wahrscheinlichkeit, dass die Erfüllung dieses Wunsches glücklich macht:
Spielt keine Rolle. Wird eh nie passieren. Sorry, ihr Hippies.

51

Ich wünschte, ich käme morgens mit Schwung aus dem Bett

Es gibt nichts Schlimmeres als Leute, die morgens aus dem Bett springen und herumposaunen, wie gut sie drauf sind.

Andererseits langweilt nichts so sehr wie die Ausrede »Ich bin eher ein Morgenmuffel«, verbunden mit stundenlangem Herumgammeln im Schlafanzug und gleichzeitigem Wehklagen, dass man ohne Kaffee einfach nicht funktioniert.

Wir empfehlen den gesunden Mittelweg. So startet ihr wesentlich produktiver in den Tag, kriegt mehr gebacken und fühlt euch gut dabei:

1. Achtet darauf, ausreichend Schlaf zu bekommen. Klingt naheliegend und platt, aber hilft ja nix. Siehe Wunsch 60.
2. Schaltet sofort nach dem Aufwachen das Licht ein und macht was. Irgendwas. Es gibt eine coole App namens »Alarmy«, die euch zu einer bestimmten Aufgabe zwingt, bevor sie aufhört zu klingeln. Das kleine Biest könnte einen Download wert sein.
3. Legt euch schon am Vorabend Klamotten bereit und macht euch Frühstück, bevor ihr ins Bett geht. Überfordert euer Gehirn nicht, bevor es richtig wach ist.

4. Macht immer euer Bett. Klingt nebensächlich, aber diese scheinbar triviale Tätigkeit stellt euch unterbewusst auf einen Tag voller kleiner Erfolgserlebnisse ein.
5. Trinkt sofort ein großes Glas kaltes Wasser. Wasser sättigt und zügelt den Appetit. Dann fällt es euch auch leichter, etwas Vernünftiges zu frühstücken.
6. Haferflocken bilden eine gute und vielseitige Ernährungsgrundlage. Mit ihnen halten eure Energiespeicher länger vor, es sind eine Menge Proteine drin, und sie stimmen euch perfekt auf den Tag ein.

Schreibt uns, und wir schicken euch Tipp Nummer sieben.

Wahrscheinlichkeit, dass die Erfüllung dieses Wunsches glücklich macht:
Relativ hoch. Eine effiziente Morgenroutine ist die Voraussetzung für einen erfolgreichen Tag. Und jetzt geht raus und zeigt's ihnen.

52

Ich wünschte, ich hätte mehr Freunde

Im Alltag zählt Freundschaft mehr als Liebe, sagen manche.

Zumindest hält sie meist länger. Viele von uns haben immer noch Freunde aus ihrer Kindheit, während eine durchschnittliche romantische Beziehung statistisch gesehen zwei Jahre und neun Monate dauert.

Freundschaften gestalten sich auch nicht so intensiv, deshalb kommt es unter Freunden seltener zu schlimmen Zerwürfnissen. Dagegen sind viele Beziehungen der reinste Dampfkessel aus unterdrückter Wut und gegenseitiger Verachtung. Freundschaften sind da anders.

Der Grad an Nähe ist variabel, und man kann mit allen möglichen Leuten gleichzeitig befreundet sein. Je mehr, desto besser. Das geht in Beziehungen natürlich nicht, außer du bist Leonardo DiCaprio, Hugh Hefner oder ein irrer Sektenführer.

Trotzdem gibt es für die Liebe all die berühmten Symbole wie Herzen, Rosen, Liebespfeile oder Valentinstage. Die arme Freundschaft hingegen hat nur diese öden Bändchen, die nach einer Woche wieder abfallen.

Wenn ihr Angst habt, dass eure Freunde euch nicht mehr mögen, seid ihr vielleicht nur ein bisschen zu anhänglich. Für den unwahrscheinlichen Fall, dass ihr recht behaltet, haben wir die Lösung.

Seid euch bewusst, welches Bild ihr nach außen hin abgebt. Fühlt ihr euch ungeliebt, strahlt ihr womöglich genau das aus, und es wird eine selbsterfüllende Prophezeiung daraus. Darum arbeitet ein bisschen an eurem Selbstbewusstsein.

Vermittelt anderen den Eindruck, dass ihr Spaß habt. Die meisten von uns fühlen sich zu gut gelaunten Mitmenschen hingezogen. Ein spritziger und charismatischer Typ wirkt wie ein Magnet. Das bedeutet nicht, dass ihr wahllos alles zum Totlachen finden sollt oder so tut, als würdet ihr die ganze Zeit telefonieren. Dreht einfach nur die positive Ausstrahlung ein bisschen auf.

Baut keine Mauern. Zumindest keine metaphorischen. Viele Menschen haben Angst, dass man sie nicht attraktiv findet, und schotten sich daraufhin verständlicherweise ab, um sich selbst zu schützen. Seid offen für andere Menschen und neue Erfahrungen. Vielleicht fallt ihr damit ein paar Mal auf die Schnauze, aber am Ende werdet ihr ganz sicher für eure Offenheit belohnt.

Wenn ihr einen neuen Kumpel sucht, schreibt uns ein paar Zeilen über euch, und wir finden jemanden, dem es genauso geht.

Wahrscheinlichkeit, dass die Erfüllung dieses Wunsches glücklich macht:
Riesig. Es herrscht eine Epidemie der Einsamkeit da draußen. Seid kein Teil davon.

53

Ich wünschte, mein Leben wäre nicht so stressig

An alle Rast- und Ruhelosen, hier kommt unser Vorschlag: Erstellt eine Liste von Dingen, die euch Zeit kosten, und studiert sie gründlich. Was davon könnt ihr ohne schlimmere Folgen bleiben lassen? Welche vier oder fünf Dinge davon machen euch glücklich? Diese Liste wendet ihr auf eure aktuelle Lebenssituation an. Dafür analysiert ihr:

1. Euer Zeitmanagement. Wie verbringt ihr eure Zeit? Wie flexibel seid ihr? Wie könnt ihr noch effizienter werden? Welche Vorgänge könnt ihr delegieren und auf welche komplett verzichten? Und die alles entscheidende Frage: Nutzt ihr eure Zeit im Sinne der Prioritäten auf eurer Liste? Wenn nicht, ist es dringend nötig, etwas zu ändern.
2. Eure aktuellen Verpflichtungen. Damit können Arbeit, Lernen, Familienleben, Freunde, Hobbys, gemeinnütziges oder politisches Engagement oder Aufgaben im Haushalt gemeint sein. Seid ehrlich und fragt euch, welche dieser Verpflichtungen euch am meisten bringen. Welche machen euch glücklicher als andere, und welche sind Zwänge, deren ihr euch einfach bisher nicht entledigen konntet?

Erst wenn ihr euch so rigoros hinterfragt habt, wird eure Perspektive klarer. Ihr seht jetzt, welche Dinge gar nicht so dringlich sind und auf welche ihr komplett verzichten könnt. Dafür müsst ihr allerdings lernen, Nein zu Leuten und Verpflichtungen zu sagen, denen ihr bisher eure Zeit gewidmet habt.

Wir empfehlen: Werdet euch bewusst, worauf es euch wirklich ankommt, und bewertet danach euren derzeitigen Tagesablauf. Achtet auf die Diskrepanzen und versucht sie zu beseitigen. Das ist nicht ganz unkompliziert, aber es lohnt sich ungemein.

Schreibt uns eine Mail, und wir senden euch eine schlaue Taktik zur Erstellung einer täglichen To-do-Liste, die euch Klarheit darüber verschafft, wo ihr Zeit investieren sollt und wo nicht.

Wahrscheinlichkeit, dass die Erfüllung dieses Wunsches glücklich macht:
Hoch. Die wichtigsten Dinge im Leben sind gar keine Dinge. Haben wir neulich auf Pinterest gelesen.

54

Ich wünschte, ich hätte mehr Geduld mit meinen Kindern

Sogar die treuesten Anhänger der Zen-Philosophie verlieren hin und wieder die Geduld mit ihren Kindern.

Das ist ganz sicher nichts, worauf man stolz sein sollte. Denn jeder Wutausbruch hinterlässt einerseits ein verwirrtes Kind, das sich allein gelassen fühlt, und andererseits Eltern mit schlechtem Gewissen.

Dennoch darf man sich ruhig eingestehen, dass Kinder einem – denn so ist es nun mal – unfassbar auf den Zeiger gehen können. Entweder reden sie stundenlang über Minecraft, vergessen ständig zu spülen oder löchern einen mit Fragen, woher die Babys kommen. So treibt man selbst den geduldigsten Erwachsenen zur Weißglut, vor allem wenn es sich nicht um die eigenen Kinder handelt. (Wahrscheinlich stimmt es sogar, dass die meisten Erwachsenen alle Kinder außer ihren eigenen für gestört halten.)

Die beste Technik, um im Umgang mit Kindern die Ruhe zu bewahren? Zeigt ihnen, dass ihr gerade die Geduld verliert. Dass ihr gleich stinksauer werdet, wenn sie nicht endlich aufhören, an dem süßen Hundebaby zu lecken. Das nur als Beispiel.

Sich den sich anbahnenden Nervenzusammenbruch einzugestehen hilft dabei, ihn zu vermeiden. Sprecht es ruhig aus, allein das hat therapeutische Wirkung. Außerdem checken so selbst die doofsten Kids, dass etwas an ihrem Verhalten gerade nicht in Ordnung ist.

Die Alternative wäre, seinen Zorn so lange für sich zu behalten, bis man explodiert, und das nimmt bekanntlich nie ein gutes Ende. Kinder anzuschreien ist außerdem nicht nur gemein und gehört sich längst nicht mehr – es ist auch keine geeignete Methode, um ihnen ihre Grenzen aufzuzeigen. Kleinkinder sind clever genug, um zu begreifen, dass der Erwachsene mit seinem Wutausbruch selbst die Grenzen akzeptierten Sozialverhaltens überschritten hat, und das ausgerechnet bei dem Versuch, das Kind in seine Schranken zu weisen.

Aber geht auch nicht zu hart mit euch ins Gericht, wenn ihr merkt, wie euch gerade der Geduldsfaden reißt, weil ihr schon wieder einen Plastik-Minion aufs Auge bekommen habt. Dampf ablassen kann einen wieder in die Spur bringen, und der Tag wird meistens dann besser, wenn keine dicke Luft mehr herrscht.

Falls ihr Hilfe dabei braucht, nicht durchzudrehen, wenn alle anderen den Kopf verlieren und euch dann auch noch die Schuld dafür geben, dann schreibt uns eine Mail, und wir schicken euch ein paar Tipps zur Stressreduktion.

Wahrscheinlichkeit, dass die Erfüllung dieses Wunsches glücklich macht:
Ziemlich hoch. Ob Eltern oder nicht – zu lernen, wie man seine Wut im Zaum hält, hat noch niemandem geschadet.

55

Ich wünschte, ich hätte nicht so viel Werbung im Briefkasten

Mit der Post kommt längst nichts Gutes mehr, außer es steht Amazon drauf.

So traurig das klingt, es stimmt. Sogar Geburtstagskarten sterben aus. Die amerikanische Grußkarten-Firma Hallmark hat ihre Anzahl an Geburtstagsgrüßen in den letzten fünf Jahren mehr als halbiert und befürchtet, dass es in zehn Jahren nur noch Weihnachtskarten gibt. Denn wir beglückwünschen uns mittlerweile mit E-Cards, Facebook-Nachrichten oder hingerotzten SMS. Selbst das Weihnachtsgeld von der Oma bekommt ihr mittlerweile per Online-Banking, und aus ihrem Päckchen ist ein Gutschein per E-Mail geworden.

Weil sich im Postsack mittlerweile so gar nichts Spannendes mehr befindet, bleiben uns nur Strom- und Wasserrechnungen, Kontoauszüge und Postwurfsendungen. Letztere sind häufig an den Mieter oder Hauseigentümer adressiert.

Jedes Jahr verschickt die britische Post 3,5 Milliarden nicht adressierte Briefe, davon wandern die meisten sofort in den Müll. Das bedeutet, wir erhalten im Schnitt zehnmal so viel Werbung wie private Post.

Der britische Steuerzahler beteiligt sich schätzungsweise mit exzessiven fünfzig Millionen Pfund an der Entsorgung von Briefwerbung, und die damit verbundene Umweltbelastung ist enorm. Mindestens hundert Millionen Bäume müssen jedes Jahr im Namen der Postwurfsendung dran glauben.

In Großbritannien gibt es zwar die Möglichkeit, sich beim Mailing Preference Service zu melden und seine Adresse für Werbung zu sperren, aber das ist kompliziert und schützt nicht vor Briefen, die an den Mieter oder Hauseigentümer adressiert sind. Geschweige denn vor Prospekten und Lieferservice-Flyern, die von Unternehmen aus der Nachbarschaft durch den Briefschlitz geschoben werden.

Wenn auch ihr von Werbung im Briefkasten die Schnauze voll habt, dann schreibt uns, und wir schicken euch einen liebevoll gestalteten Aufkleber, wo sinngemäß draufsteht: »Keine Werbung. Und zwar wirklich nicht die geringste. Ich brauche keine Pizza und kein Taxi und will auch mein Haus nicht verkaufen. Und falls doch, seid ihr die Ersten, die es erfahren.«

Wir behaupten nicht, dass damit auf einen Schlag euer Spam-Problem gelöst ist, aber es sollte zumindest besser werden.

Wahrscheinlichkeit, dass die Erfüllung dieses Wunsches glücklich macht:
Ohne Werbepost wird sich jetzt nicht gleich euer ganzes Leben verändern. Aber seien wir ehrlich, selbst so ein kleiner Triumph kann einem den Tag versüßen.

56

Ich wünschte, dieses Getue um **gesundes Essen würde** mich nicht so schrecklich langweilen

Man könnte behaupten, dass der Mensch noch nie so spießig in Bezug auf Essen war wie heutzutage.

Zum einen gehört es sich nicht, über Diäten zu reden, zum anderen langweilt das Thema. Die Paleo-Diät langweilt, genau wie die 5:2-Diät. Gibt's nicht sogar eine, die South Beach heißt? Auch die ist fad. Es langweilt, sich darüber zu unterhalten, wie schädlich Zucker ist und dass Brownies mit Agave-Sirup genauso gut schmecken – was sie übrigens nicht tun.

Sich andauernd mit seinem Gewicht zu beschäftigen langweilt. Auf Kohlenhydrate zu verzichten langweilt. Saftpressen sind langweilig. Fadenscheiniges Detox ohne jede wissenschaftliche Grundlage langweilt. Darauf zu bestehen, dass alles Bio sein muss, langweilt. Gespräche über Food Miles langweilen. Ein NutriBullet langweilt. Sich jeden Tag auf die Waage zu stellen langweilt. Kräutersammeln ist langweilig. Dieser Wahn mit heimischen Produkten langweilt. Gespräche über saisonales Essen langweilen. Darüber zu reden, eines Tages im Noma (Restaurant in Kopenhagen mit zwei Michelin-Sternen) essen zu gehen, langweilt.

Auch das Bedürfnis, alles, was man isst, in den sozialen Medien zu posten, langweilt. Besonders bei Varianten von Grünkohl, Quinoa, Goji-Beeren oder pochierten Eiern mit Avocado auf Toast. Meistens werden diese irrsinnig öden Posts auch noch von immer hysterischer werdenden und sinnentleerten Hashtags begleitet: #NomNomNom, #eatclean, #brunch, #health, #vegan, #nutrition, #life, #love, #happyplace, #metime, #beyourself, #IAmMe, #BeYou usw.

Dabei weiß doch jeder, dass eine lustige, hedonistisch veranlagte, entspannte oder leicht angetrunkene Person jederzeit einer verklemmten und kapriziösen vorzuziehen ist, die im Café nach heißem Wasser mit »ein bisschen Zitrone und frischem Ingwer« fragt. Das ist nun mal Tatsache. Woody Allen hatte schon recht, als er meinte: »Du kannst 100 Jahre alt werden, wenn du auf all die Dinge verzichtest, weswegen du 100 Jahre alt werden möchtest.«

Wenn ihr Gefahr lauft, von Foodies zu Tode gelangweilt zu werden, schreibt uns eine Mail, und wir schicken euch ein unglaublich ungesundes Rezept (für Hamburger).

Wahrscheinlichkeit, dass die Erfüllung dieses Wunsches glücklich macht:
Mittel. Das Leben ist zu kurz, um sich gesund zu ernähren, und die meisten Prinzipien der Clean-Eating-Bewegung basieren auf schwammiger Pseudowissenschaft.

57

Ich wünschte, High Heels wären bequemer

High Heels machen glücklich, geben Selbstvertrauen und sind verdammt unbequem. Niemand wird behaupten, dass hohe Absätze es mit dem Bequemlichkeitsgrad von flachen Schuhen aufnehmen können. Aber es gibt eben Anlässe, bei denen es eure abgerockten Chucks einfach nicht bringen. Siehe Oscarverleihung, die Taufe eures Neffen oder Kims und Kanyes Hochzeit.

Diese Beschwerde erreicht uns übrigens häufiger, und ihr habt unser aufrichtiges Mitleid. Hier ist eine Anleitung in fünfeinhalb Schritten, wie man den Schmerz verringert.

1. Die größten Probleme entstehen dabei, das Gleichgewicht zu halten. Deshalb gilt: Je spitzer der Absatz, desto instabiler die Haltung. Denkt mal über Keilabsätze nach, obwohl ...
2. Holz und hartes Plastik sind eigentlich zu steif, um sich gut damit zu bewegen, und passen sich auch nicht einem unebenen Untergrund an. Das kann euch den Abend versauen, also nehmt lieber einen Absatz, der ein bisschen mehr in der Sohle nachgibt. Leder oder Gummi bieten sich an.

3. Überprüft genau die Position des Absatzes, er sollte sich direkt unter eurer Ferse befinden. Liegt er weiter hinten, unterstützt er euer Gewicht nicht, und ihr verliert die Balance.
4. Tragt Absätze nie länger als zwei Tage hintereinander. Eure Füße brauchen Bodenhaftung, um sich wieder zu erholen.
5. Seid ihr in High Heels unterwegs, haltet den Kopf oben und den Rücken gerade, wie eine Marionette (ihr seid schließlich auch die Marionette eines männlich-konventionellen Schönheitsideals … kleiner Scherz am Rande).

5,5. Kauft eure Schuhe immer eine halbe Nummer zu groß.

Schreibt uns noch heute Abend eine Mail, und wir schicken euch ein Paar unsichtbarer Gel-Einlagen, die ihr in eure Lieblingsschuhe legen könnt. Sie polstern euren Fuß und schützen empfindliche Stellen, an denen der Schuh reiben könnte. Die Dinger sind wirklich effektiv.

Wahrscheinlichkeit, dass die Erfüllung dieses Wunsches glücklich macht:
Einschneidend. Euer Leben wird nie wieder dasselbe sein. Der Fall der Berliner Mauer, der Kollaps der Sowjetunion und der Brexit sind ein Witz dagegen.

58

Ich wünschte, ich könnte meiner Mutter mit ihrer Demenz helfen

Demenz ist keine individuelle Krankheit, sondern eine Häufung von Symptomen, verursacht von meist altersbedingten Fehlfunktionen des Gehirns. Oft ist Alzheimer oder ein Schlaganfall die Ursache. Es ist schrecklich, einen Verwandten oder Familienangehörigen darunter leiden zu sehen. Denn es gibt keine Heilungsmöglichkeiten, und die Symptome werden in der Regel schlimmer.

Für Familie und Freunde bedeutet es den Verlust einer einst vertrauten Person. Der lebhafte Vater oder die still vergnügte Großmutter werden gegen jemanden ausgetauscht, dessen Launen sich mit einem Schlag ändern können, dessen Erinnerungsvermögen schwindet und dessen Blick auf die Welt sich auf tragische Weise verengt hat. Im fortgeschrittenen Stadium verhalten sich die Betroffenen zudem ohne zunächst ersichtlichen Grund verängstigt und aggressiv.

Eine Zeit lang fällt es ihnen leichter, sich an weit zurückliegende Ereignisse zu erinnern als an aktuelle, denn Erinnerungen verblassen in umgekehrter Reihenfolge zum Erlebten. Am Ende verschwinden selbst die vagen Erinnerungen. Vertrauen weicht Angst, selbst bei engen Familienmitgliedern oder lebenslangen Freunden. Neue Informationen abzuspeichern ist bald nicht mehr möglich. Demenz-Patienten sind oft überzeugt, dass sie Dinge, die man ihnen bereits mehrmals erzählt hat, zum ersten Mal hören. Ebenso verabschiedet sich die Fähigkeit, zu lesen und zu schreiben, was nur noch mehr zur Isolation und Vereinsamung beiträgt.

Für die Betroffenen sind diese Symptome verwirrend, für die Angehörigen qualvoll und traumatisch. Manche Betreuer erzielen mit vertrauter Musik einen beruhigenden und therapeutischen Effekt, andere wiederum nutzen alte Fotos, um klare und positive Erinnerungen bei den Betroffenen wachzurufen.

Wenn ihr euch um jemanden kümmert, der an Demenz erkrankt ist, mailt uns ein paar Fotos, von denen ihr glaubt, dass sie eine positive Wirkung auf die jeweilige Person haben. Wir drucken sie für euch aus und schicken sie euch per Post, in der Hoffnung, dass das gemeinsame Betrachten diese schwere Situation etwas erleichtern kann.

Wahrscheinlichkeit, dass die Erfüllung dieses Wunsches glücklich macht:
Sehr groß. Es ist immer schrecklich, jemanden zu verlieren. Aber sich um einen Demenzkranken zu kümmern kann euch emotional noch viel mehr mitnehmen als der reine Verlust.

59

Ich wünschte, ich würde mich beim Tanzen nicht so dämlich anstellen

Ich selbst bin der mieseste Tänzer der Welt. Es ist längst nicht mehr peinlich, es ist tragisch. Es ist so schlimm, dass ich auf einer Hochzeit mal von zwei Fremden angeschrien wurde, ich möge doch bitte aufhören, nur um dann auch noch gewaltsam von der Tanzfläche entfernt zu werden. Danach habe ich meine Karriere als Tänzer mehr oder minder beendet.

Wie bei den meisten kreativen Unterfangen scheitern wir an der eigenen Unsicherheit und unserer Verkrampftheit. Und dem Gefühl, wie jemand zu wirken, der gerade einen Schlaganfall erleidet (sagt zumindest meine Freundin).

Wir haben unseren hauseigenen DJ Kaiser Saucy (geiler Name!) gefragt, wie man sich am besten gehen lässt. Er hat ein wenig geschmunzelt und so was in der Art gesagt:

»Erzähl mir nicht, du kannst nicht tanzen. Du kannst einen Stift zwischen Daumen und Zeigefinger nehmen und ihn so präzise führen, dass du mit vollkommen Fremden kommunizieren kannst, ohne auch nur ein Wort zu sprechen. Du hast gelernt, so formvollendet zu gehen, zu laufen und zu springen, dass du noch nicht einmal mehr darüber nachdenken musst, wie du diese körperlichen Höchstleistungen zustande bringst. Du bist elegant. Die Musik ist nur der Soundtrack deiner Perfektion. Feiere dich selbst. Schließ die Augen und spüre, wie großartig es sich anfühlt, sich durch den unmittelbaren Raum zu bewegen. Da gibt es kein Richtig oder Falsch, es gibt nur deine Fantasie und deine Interpretation des Klangs, der dich umgibt. Du bist agil wie ein Panther. Nur du selbst stehst dir im Weg.«

Tja, so reden DJs halt. Vor allem solche, die zu viel Ketamin genommen haben. Das ist ein Witz. Kaiser Saucy ist #drogenfrei.

Wenn ihr tanzen wollt, ohne wie Idioten auszusehen, informiert euch mal bei Morning Gloryville, die bieten auf der ganzen Welt Veranstaltungen an. Es läuft ab wie ein Rave, aber noch vor der Arbeit, von halb sieben Uhr morgens bis halb elf, meistens mittwochs.

Es ist der absolute Hammer, das müsst ihr erlebt haben. Eine befreiende, lebensbejahende und völlig anarchische Angelegenheit und Pflichtprogramm, falls ihr mal in London seid. Wenn ihr uns nicht glaubt, lest online die Presseberichte darüber. Schreibt uns, und wir setzen euch fürs nächste Mal auf die Gästeliste.

Wahrscheinlichkeit, dass die Erfüllung dieses Wunsches glücklich macht:
Kurzfristig sehr hoch. Tanzen reduziert das Stresslevel, entspannt, hält in Form … und man kann gut loslassen.

60

Ich wünschte, ich bekäme genügend Schlaf

Schlaflosigkeit hindert Menschen daran, sich bei der Arbeit zu konzentrieren, beeinträchtigt das Erinnerungsvermögen und erhöht das Risiko von Depression und zu hohem Blutdruck.

Wenn es dir wie dem Typen von Faithless (Stichwort »Insomnia«) geht und du keinen Schlaf findest, hier ein paar wichtige Informationen. Autoritär und vielleicht sogar ein wenig dogmatisch formuliert:

Als Erwachsener kommt man mit sieben Stunden Schlaf aus. Mehr ist unnötig, euer Gehirn hat sich nur fälschlicherweise daran gewöhnt. Schlaft ihr zu lange, beginnt ihr höchstwahrscheinlich einen neuen Schlafzyklus und wacht deshalb erschöpft auf. Also entscheidet euch für eine Einschlaf- und Aufstehzeit und haltet euch gefälligst dran. So werden die Wochenenden zwar länger, aber auch produktiver.

Verzichtet nach 14:00 Uhr auf Koffein. Spart euch Kaffee, Softdrinks und Schokolade. Widersteht der Versuchung, noch mal in die Küche zu gehen, um die kalte Lasagne aufzufuttern, nur weil ihr wisst, dass noch welche übrig ist.

Ein Schlafzimmer ist für Sex und zum Schlafen da. Ausschließlich. Eine Stunde bevor ihr ins Bett geht, solltet ihr nicht mehr lesen, Musik hören, fernsehen oder auf eurem Smartphone rumdaddeln. Notiert noch mal schnell, was ihr am nächsten Tag erledigen müsst, und klappt das Notizbuch mit Nachdruck zu. Dahinter stecken zwei Gedanken: Zum einen müsst ihr nicht länger fürchten, etwas vergessen zu haben, zum anderen ist dieses betonte Zuklappen das Kommando an euer Unterbewusstsein, nicht mehr beim Einschlafen gestört werden zu wollen.

Findet drei regelmäßige Tätigkeiten, mit denen ihr euer Gehirn jeden Abend aufs Einschlafen vorbereitet, aber achtet darauf, dass sie euch keine Umstände verursachen. Zum Beispiel Licht in den anderen Zimmern ausschalten, Zähneputzen und Pinkeln. Egal was ihr tut, es darf euch keine Umstände bereiten. Dauert das Einschlafen länger als zwanzig Minuten, oder werdet ihr wach und könnt nicht wieder einschlafen, steht auf und schlendert ein wenig durch die Wohnung.

Wenn ihr diese Tipps peinlich genau befolgt, wird das Einschlafen mit Sicherheit leichter. Schreibt uns, und wir schicken euch weitere Hinweise.

Wahrscheinlichkeit, dass die Erfüllung dieses Wunsches glücklich macht:
Hoch. Eine Nacht ohne Schlaf ist der reinste Albtraum. Aber noch nicht mal den habt ihr, wenn ihr morgens um drei noch wach liegt.

61

Ich wünschte, ich wäre glücklich

»Glückseligkeit ist der Anfang und das Ende menschlichen Strebens«, hieß es bei Aristoteles schon im vierten Jahrhundert vor Christus, und seitdem zerbrechen sich die Leute den Kopf über das Geheimnis von Glück und wie man es erreicht.

Unser Ansatz ist ein empirischer.

Wissenschaftler (insbesondere die geniale Psychologin Sonja Lyubomirsky) haben herausgefunden, dass unsere Gene für fünfzig Prozent unseres mentalen Wohlbefindens verantwortlich sind. Als Kind depressiver Eltern fällt es einem daher schwerer, den Alltag zu meistern. Dagegen kommt man kaum an.

Nur zehn Prozent unseres Wohlbefindens sind abhängig von aktuellen Lebensumständen. Wie viel wir verdienen, wo wir leben, welches Auto wir fahren. Wir neigen dazu, die positiven Auswirkungen dieser Dinge zu überschätzen, deshalb haben so einschneidende Erlebnisse wie ein Lottogewinn auch nur einen relativ kurzfristigen Effekt auf unseren Gemütszustand. Das trifft allerdings genauso auf negative Ereignisse wie ein vergurktes Bewerbungsgespräch zu.

Die verbleibenden vierzig Prozent unseres Glücks ergeben sich aus ganz alltäglichen Handlungen. Das ist deshalb so interessant, weil es bedeutet, dass man auf der Skala der

Glückseligkeit mit nur kleinen Veränderungen einen großen Sprung machen kann. Glückliche Menschen verfügen über einen großen Bekanntenkreis, sind spendabel, verstehen sich als Teil eines größeren Ganzen, sehen die Zukunft eher positiv, betätigen sich sportlich und haben Ideale.

Das sind die Dinge, auf die ihr euch konzentrieren müsst. Euren genetischen Code könnt ihr (noch) nicht ändern, und es hilft auch nichts, »in Jobs zu arbeiten, die wir hassen, um Scheiße zu kaufen, die wir nicht brauchen«, um mal aus *Fight Club* zu zitieren. Denn das macht wie gesagt maximal zehn Prozent vom Glück aus. Also konzentriert euch auf die innere Zufriedenheit, denn hier steigt die wahre Party.

Immer noch verzweifelt? Dann meldet euch, und wir schicken euch etwas, das euch garantiert glücklich macht. Für den Moment zumindest.

Wahrscheinlichkeit, dass die Erfüllung dieses Wunsches glücklich macht:
Selbstverständlich hoch. Steht doch schon in der Überschrift, ihr Honks. Meine Güte.

62

Ich wünschte, ich könnte meinen Roman veröffentlichen

Man stellt sich die Verlagsbranche immer so zivilisiert und kultiviert vor. Vielleicht ein bisschen angestaubt, ein bisschen altmodisch, aber bevölkert von hochgebildeten Brillenträgern, die sich selbst Tee aufkochen und beim zivilisierten Lunch in altehrwürdigen Restaurants geistreiche Bemerkungen austauschen.

Doch die Realität sieht ganz anders aus. Verlage sind genauso gnadenlose Halsabschneider wie andere Unternehmen und orientieren sich ausschließlich an den Bedürfnissen des Marktes. Da die Mehrheit der Buchveröffentlichungen floppt, setzt die Industrie auf die großen Bestseller, um ihre unvermeidlichen Rohrkrepierer zu kompensieren.

So banal es auch klingen mag – ein Autor sollte an einem Buch arbeiten, das die Leute auch lesen wollen. Er schreibt mit kommerzieller Ausrichtung und einer klaren Vorstellung seiner Leserschaft. Das heißt natürlich nicht, sein Manuskript auf den kleinsten gemeinsamen Nenner herunterzubrechen oder faule Kompromisse einzugehen. Die Kunst liegt eher darin zu erkennen, wo sich ein Markt findet und wie man da heraussticht.

Ist das erledigt, holt man sich einen Agenten, der versucht, das Buch den Lektoren der diversen Verlagshäuser schmackhaft zu machen. Das bedarf Zeit und Recherche, ist aber notwendig, denn die meisten größeren Verlage akzeptieren keine unaufgefordert eingesandten Manuskripte.

Habt ihr eine Liste von passenden Agenten erstellt, schickt ihnen eure Unterlagen. Schaut noch mal auf ihrer jeweiligen Website nach, aber in der Regel verlangt ein Agent eine zweiseitige Inhaltsangabe, die ersten 10.000 Wörter des Romans und ein paar Worte zum Projekt: wer ihr seid, warum ihr genau dieses Buch schreibt und wieso es dem Publikum, das ihr ansprechen wollt, gefallen wird.

Ihr könnt davon ausgehen, dass ihr zunächst von mehreren Agenten abgelehnt werdet und danach von zahlreichen Verlagen, denen euer Agent das Manuskript geschickt hat. Aber nicht verzagen, da ist es John le Carré, J.K. Rowling und Stephen King nicht anders ergangen. Sogar das Buch, das ihr gerade in den Händen haltet, werte Leser, wurde irgendwann von einem Verlag abgelehnt. Unvorstellbar, ich weiß.

Wenn ihr es wirklich als Autor schaffen wollt, schreibt uns eine Mail, und wir helfen euch aufs nächste Level.

Wahrscheinlichkeit, dass die Erfüllung dieses Wunsches glücklich macht:
Vermutlich riesig. Leider ist es vor allem im Bereich Belletristik sehr schwer, ein Buch zu veröffentlichen. Aber es ist nicht unmöglich. Wir würden uns freuen, wenn ihr uns das Gegenteil beweist.

63

Ich wünschte, es gäbe noch echte Gentlemen

Gemessen an der Beliebtheit dieses Wunsches scheint es beinahe unmöglich, heute noch einen Gentleman alter Schule zu finden. Damit klar wird, wovon wir reden, hier ein paar Kriterien für den modernen Gentleman. Ein paar davon darf er vernachlässigen, aber auf keinen Fall mehr als vier.

- Ein Gentleman kann tanzen. Und kochen. Lässt aber beides nicht raushängen. Ein Gentleman zeichnet sich durch vornehme Zurückhaltung aus.
- Ein Gentleman hat nichts mit Social Media am Hut, Twitter und Facebook erscheinen ihm sinnentleert und oberflächlich. Die Existenz von Tinder findet er leicht tragisch, und beim Stichwort Snapchat zieht er nur fragend die Augenbraue hoch. Selbst SMS scheinen ihm in der Regel eher unangebracht.
- Ein Gentleman geht sparsam mit Emotionen um, hält sich stets zurück, gibt nicht gleich alles von sich preis. Es platzt nichts aus ihm heraus, er schüttet niemandem sein Herz aus oder weint gar. Er ist mitfühlend, bewahrt jedoch stets eine geheimnisvolle Aura. Das ist ganz entscheidend.

- Ein Gentleman riecht gut. Am besten nach einer Mischung aus Körpergeruch, Eau de Toilette, Zigaretten und etwas Undefinierbarem, leicht Animalischem.
- Ein Gentleman ist gut angezogen, spricht aber nie über Mode. Er besitzt nicht allzu viele, dafür edle Kleidungsstücke. Sie sind gut eingetragen und gepflegt, doch nie lebenswichtig für ihn. Begeisterung für Designerlabel ist ihm fremd. Für sein Haar benutzt er keinerlei Stylingprodukte.
- Ein Gentleman hat Manieren, zeigt sie allerdings eher subtil. Er besitzt einen festen Händedruck, steht auf, wenn eine Frau den Tisch verlässt, bietet anderen seinen Platz an, hält Türen auf, antwortet umgehend auf Einladungen und geht auf dem Bürgersteig immer zwischen Begleitung und der Straße.
- Ein Gentleman prügelt sich nicht. Falls er doch ohne sein Zutun in eine Konfrontation hineingezogen wird, gewinnt er fair und ohne Schrammen.
- Ein Gentleman begegnet Frauen mit demselben Respekt wie seiner eigenen Mutter. Für ihn sind Frauen keine Objekte.

Mailt uns, und wir schicken euch einen Schnelltest, mit dem sich unbemerkt feststellen lässt, ob ihr einen wahren Gentleman vor euch habt.

Wahrscheinlichkeit, dass die Erfüllung dieses Wunsches glücklich macht:
Ganz gut. Wäre ja schön, wenn es diese alten Wertvorstellungen noch gäbe. Allerdings sagte Hollywood-Legende Lana Turner einst zu diesem Thema: »Ein Gentleman ist einfach nur ein geduldiger Wolf.«

64

Ich wünschte, die Welt wäre nicht so chaotisch und brutal

Wir können verstehen, wenn ihr die Welt gerade am Abgrund seht. Die Medien sind voller Geschichten über Terrorismus, Unsicherheit, Klimawandel und einen drohenden Wirtschaftskollaps.

Dabei stehen wir momentan eigentlich ganz gut da:

- Nur noch halb so viele Menschen wie 1990 leben weltweit in Armut, und im Vergleich zum Jahr 2000 leiden vierzig Prozent weniger an Hunger. Immer mehr Menschen haben Anspruch auf Gesundheitsversorgung, und die Sterblichkeitsrate bei Kindern verringert sich in rasanter Geschwindigkeit.
- Es gibt immer mehr Demokratien. Zu Beginn des 20. Jahrhunderts lebten nur zehn Prozent der Weltbevölkerung in demokratischen Staaten, mittlerweile sind es bereits mehr als fünfzig Prozent.
- Wirtschaftswachstum hievt die ärmeren Länder aus der Armutsfalle. Seit 1969 hat sich das durchschnittliche Pro-Kopf-Einkommen in China veracht- und in Indien ver-

vierfacht. In Brasilien verdient man jetzt fünfmal so viel. Sieben der zehn am schnellsten wachsenden Wirtschaftsnationen befinden sich auf dem afrikanischen Kontinent.

- Die Welt ist tatsächlich friedlicher geworden. In der Menschheitsgeschichte fielen bisher 500 von 100.000 Menschen einem Mord zum Opfer, die meisten davon im Krieg. Mittlerweile liegt die Zahl bei 6 von 100.000.
- Wir sind toleranter als jemals zuvor. Zwischen 1995 und 2011 wurde von der UN ein zwanzigprozentiger Rückgang von »Geschlechterbenachteiligung« festgestellt, während der International Monetary Fund eine schnellere Annäherung der Gehälter von Männern und Frauen notiert. Vor zehn Jahren gab es noch keine gleichgeschlechtlichen Ehen in den USA, jetzt darf man im ganzen Land heiraten, nachdem der Oberste Gerichtshof die Verbote der einzelnen Bundesstaaten aufgehoben hat.
- Ohne Zweifel geben sich vor allem die jüngeren Generationen inklusiver und offener als die Vorgängergenerationen, zudem sind sie weniger gewalttätig, engstirnig und freier von Vorurteilen.
- Die neue Generation ist zudem unheimlich innovativ. Sie entwickelt Technologien zur Besiedlung fremder Planeten, erfindet atemberaubende neue Verkehrsmittel, programmiert eine schier unglaubliche künstliche Intelligenz und sorgt dafür, dass selbst die ärmsten und abgelegensten Länder ans Internet angeschlossen sind.

Wenn ihr dennoch am Lauf der Welt verzweifelt, schreibt uns eine Mail, und wir schicken euch was zur Aufmunterung.

Wahrscheinlichkeit, dass die Erfüllung dieses Wunsches glücklich macht:
Sieht gut aus. Macht euch nicht in die Hose, im Grunde geht's uns besser denn je.

65

Ich wünschte, Frauen wären nicht so stutenbissig

Die ehemalige US-Außenministerin Madeleine Albright hat mal gesagt: »In der Hölle gibt es eine Sonderabteilung für Frauen, die anderen Frauen nicht helfen.«

Wenn das stimmt, dürfte da ein ziemliches Gedränge und eine ganz spezielle Stimmung herrschen. Trotz der Fortschritte in puncto Gleichberechtigung vermuten viele Frauen den Feind immer noch in den eigenen Reihen statt unter großkotzigen Chauvinisten.

Kann es sein, dass die Solidarität unter Frauen abnimmt, je mehr Gleichheit zwischen den Geschlechtern herrscht? Und woran liegt es, wenn sich in Zukunft alle weiblichen Wesen wie die Hauptdarstellerinnen aus dem Film *Girls Club – Vorsicht bissig!* benehmen?

Vielleicht daran, dass Frauen sich schon so lange in Männerdisziplinen messen müssen, dass sie – bewusst oder unterbewusst – deren ureigene Streitlust und mangelnde Kollegialität adaptiert haben, vor allem am Arbeitsplatz.

Womöglich verschafft man Frauen damit aber auch nur eine bequeme Ausrede. Vielleicht sind die Unterschiede zwischen den Geschlechtern gar nicht so gravierend. Schließlich sind wir alle denselben Reizen ausgesetzt und reagieren nur entsprechend. Vielleicht haben wir es in der Vergangenheit mit den Klischees über die weibliche und männliche Psyche übertrieben, und Frauen sind in Wirklichkeit genauso rauflustig und gnadenlos wie ihre männlichen Pendants. Es gibt zahlreiche Studien, die belegen, dass man ein menschliches Gehirn nicht ohne Weiteres als weiblich oder männlich klassifizieren kann.

Vielleicht spielt für Frauen das Geschlecht des Gegenübers gar keine große Rolle. Nur weil sie unter ihresgleichen sind, springen sie nicht zimperlicher miteinander um.

Letztlich sind Frauen auch nicht gemeiner zu Frauen als Männer zu Männern. Männer erwarten halt auf ihre leicht überhebliche Art, dass sich Frauen sanft und mitfühlend verhalten, und sind dann über Gebühr verschreckt, wenn es anders kommt. Arme Riesenbabys.

Falls euch jemand fertigmacht oder einschüchtert, egal welches Geschlecht, sagt Bescheid, und wir schicken euch einen Umschlag mit Glitzerzeug, den ihr bequem über dem Schreibtisch eures Peinigers auskippen könnt. Das wird ihm eine Lehre sein.

Wahrscheinlichkeit, dass die Erfüllung dieses Wunsches glücklich macht:
Wer mag schon Stutenbissigkeit. Ohne lebt es sich besser.

66

Ich wünschte, ich könnte vernünftige Fotos machen

In dieser Disziplin ist bei uns allen noch ein bisschen Luft nach oben, wenn wir nur ein paar Dinge beachten.

Am wichtigsten ist die sogenannte »Drittel-Regel«. Euer Smartphone verfügt wahrscheinlich über die Möglichkeit, den Kamera-Bildschirm in ein Raster aus neun Quadraten einzuteilen. Versucht, euer anvisiertes Motiv auf den Linien oder an den Schnittpunkten zu platzieren. So wirken eure Fotos deutlich aufgeräumter auf den Betrachter. Bei Porträts zentriert ihr das Bild um das rechte oder linke Auge, so entsteht der Eindruck, dass die Augen der Person euch folgen.

Tretet ruhig ein bisschen näher an die Leute heran, die ihr fotografiert, und macht euch Gedanken über den Kontrast zwischen Motiv und Hintergrund. Entledigt euch überflüssiger und ablenkender Elemente und konzentriert euch ganz auf euer Motiv.

Licht ist alles, und natürliches Licht ist immer am besten. Von dem berühmten Kriegsfotografen Don McCullin stammt das Zitat: »Fotografie bedeutet nicht sehen, sondern fühlen.« Trainiert euch darauf zu erkennen, wann ideales Licht für ein gutes Foto herrscht – meistens morgens oder gegen Abend.

Vermeidet Fotos mit der Sonne im Rücken, euer Motiv wird flach und fad wirken. Und bittet niemanden, »Cheese« zu sagen wie ein peinlicher Onkel auf einer geschmacklosen 80er-Jahre-Hochzeit. Aus diesem grauenvollen Klischee ist noch nie ein natürliches Lächeln entstanden, und es entlarvt euch sofort als Amateure. Mit einer gut getimten Pointe bekommt ihr viel eher ein echtes Lächeln, das euer Bild um ein Vielfaches aufwertet.

Wenn ihr wirklich die nächste Stufe erreichen oder sogar Geld mit der Fotografie verdienen wollt, schreibt uns, und wir stellen Kontakt zu einem hauptberuflichen Fotografen her, der euch Tipps geben kann.

Wahrscheinlichkeit, dass die Erfüllung dieses Wunsches glücklich macht:
Abwarten. Aber grundsätzlich ist jede Form von künstlerischem Ausdruck etwas Positives.

57

Ich wünschte, ich hätte mehr Style

Egal wer ihr seid, das kriegt ihr hin. Das hat auch nichts mit Aussehen oder Geld zu tun. Noch nicht einmal mit Mode.

Durch euren ganz persönlichen Stil könnt ihr der Welt zeigen, wer ihr wirklich seid. Und das ist nicht ganz unwichtig, oder?

Haltet euch an diese zehn Ratschläge:

1. Klamotten müssen passen. Klingt selbstverständlich, aber es ist ein erster wichtiger Schritt.
2. Tragt etwas, das euch ausmacht. Demonstrativer Schmuck ist schon mal ein Anfang.
3. In achtzig Prozent der Fälle hängt das richtige Outfit von der passenden Gelegenheit ab. Stylish sein heißt auch: den Umständen entsprechend korrekt gekleidet.
4. Kauft euch zeitlose Klamotten, die jedem Trend, jeder Szene und jeder Modeerscheinung standhalten.
5. Eine Regel für Männer: Eure Schuhe sollten immer das Teuerste an euch sein.
6. Übertreibt es nie mit Make-up.
7. Macht das Beste aus dem, was ihr habt. Eingetragene Kleidung besitzt Charakter, den man nicht kaufen kann.

8. Kauft euch eine richtig teure Jeans und kümmert euch liebevoll um sie.
9. Wie immer im Leben fährt man am besten, wenn man es nicht übertreibt. Das signalisiert nur Unsicherheit.
10. Ob ihr wollt oder nicht, euer Outfit sendet immer eine Botschaft. Vergesst das nicht.

Wenn ihr mehr über euren wahren persönlichen Stil herausfinden wollt, schreibt uns eine Mail, und wir schicken euch eine Hilfestellung.

Wahrscheinlichkeit, dass die Erfüllung dieses Wunsches glücklich macht:
Stil wird gelegentlich mit Eitelkeit verwechselt, aber er ist wichtig. Man sagt nicht umsonst, dass 93 Prozent aller Kommunikation nonverbal stattfindet.

68

Ich wünschte, ich könnte etwas gegen meine Sozialphobie unternehmen

Bei einer »antisozialen Persönlichkeitsstörung« fürchten sich die Betroffenen vor Menschenansammlungen – aus Angst, sich plötzlich ihrer eigenen Schwächen bewusst und damit bloßgestellt, beurteilt und ausgeschlossen zu werden. Dieser Zustand ist weit mehr als nur dieses flaue Gefühl im Magen, das jeder von uns kennt. Er manifestiert sich häufig in körperlichen Symptomen wie beschleunigtem Puls, Zittern, Erröten oder Schweißausbrüchen.

Stefan G. Hofmann ist Leiter des »Social Anxiety Program« an der Havard Medical School und sagt dazu Folgendes:

»Menschen sind soziale Herdentiere. Wir empfinden das starke Bedürfnis, Teil einer Gruppe zu sein und von ihr akzeptiert zu werden. Eine Sozialphobie ist das Resultat unserer Angst, nicht von den Mitmenschen akzeptiert zu werden. Es ist die Angst vor Beurteilung durch andere und damit Teil des urmenschlichen Bedürfnisses, gemocht zu werden. Aus diesem Grund gibt es Sozialphobien.«

Harmlose gesellschaftliche Anlässe, die andere als unkompliziert und angenehm empfinden (z.B. ein Kneipenbesuch oder ein Abendessen mit Arbeitskollegen), versetzen Betroffene oft schon Tage vorher in Panik.

Das Gefühl, gering geschätzt oder beurteilt zu werden, hängt wie eine tiefe Regenwolke über ihnen. So wird zum Beispiel auch die Jobsuche zum Albtraum, denn schon die Vorstellung eines Bewerbungsgesprächs überfordert sie völlig. Wer unter einer stark ausgeprägten Sozialphobie leidet, meidet zunehmend gesellschaftliche Anlässe und nabelt sich dadurch immer mehr ab, was die Angst nur noch verstärkt.

Viele Menschen leiden an solchen Angststörungen. Alleine in England sind Hunderttausende davon betroffen, in den USA geschätzte fünf Millionen.

Wahrscheinlichkeit, dass die Erfüllung dieses Wunsches glücklich macht:
Riesig, wie euch Betroffene versichern werden. Falls ihr ebenfalls unter einer Sozialphobie leidet, schreibt uns doch eine Mail, und wir schicken euch eine kurze Anleitung zur Überwindung von Angstzuständen.

69

Ich wünschte, ich würde alle Leute aus der Nachbarschaft kennen

Das ist einer jener Wünsche, die einer vergangenen Epoche nachtrauern, als die Nachbarn noch über den Gartenzaun hinweg miteinander plauschten, während die Kinder Äpfel klauten und alle nett zueinander waren, weil sie Angst vor den berüchtigten Kray-Zwillingen* hatten.

Obwohl diese Zeiten längst vorbei sind, stehen wir tatsächlich mehr denn je in Kontakt mit unseren Mitmenschen – nur eben über Bildschirme. Wir schauen uns ihre Fotos an, nur wenige Sekunden nachdem sie entstanden sind, und teilen der Welt unsere höchst originellen Gedanken in dem Moment mit, in dem sie uns einfallen.

Jetzt, da Facebook und Snapchat unsere Art von Kommunikation völlig neu definiert haben, kommen wir wohl langsam dahinter, dass Tweets, SMS oder Status-Updates uns nicht die Art von persönlichen Bindungen ermöglichen, die wir gerne hätten. Es gibt eine Menge Forschungsmaterial darüber, wie Menschen trotz zahlloser Kommunikationsmög-

* Reggie und Ronnie Kray, Gangster-Zwillingspaar, das London und Umgebung in den 50er- und 60er-Jahren aufgemischt hat.

lichkeiten immer mehr vereinsamen. Großbritannien wurde bereits zum Zentrum der Einsamkeit in Europa gewählt.

Am häufigsten fühlen sich jene alleingelassen, von denen man es am wenigsten erwartet: junge Menschen unter 35, die mit Abstand eifrigsten Social-Media-Nutzer. Doch das ist nur ein scheinbarer Widerspruch: Obwohl wir rund um die Uhr vernetzt sind, fühlen wir uns dennoch weiter voneinander entfernt denn je.

Eure Nachbarn lernt ihr am besten kennen, indem ihr ein Straßenfest organisiert. Sommeranfang ist immer ein guter Anlass, oder auch die Weihnachtszeit. Ihr werdet staunen (oder schreien), wie viele da kommen.

Wenn ihr also wirklich jeden aus eurer Straße kennenlernen wollt, mailt uns, und wir schicken euch Girlanden, die Grundlage eines jeden Straßenfests.

Wahrscheinlichkeit, dass die Erfüllung dieses Wunsches glücklich macht:
Hängt von euren Nachbarn ab.

70

Ich wünschte, ich könnte zu Hause arbeiten

Ach, das könnt ihr doch auch. Heimarbeit ist weltweit ein eigener Industriezweig mit 150 Milliarden Dollar Umsatz im Jahr. Es gibt zahllose Websites, die bezahlte Online-Tätigkeiten anbieten, allerdings sind die meisten davon eher zwielichtig und nicht zu empfehlen.

Falls man sein Geld von zu Hause aus verdienen möchte, gilt es einige Warnsignale zu beachten. Hier sollte eure Alarmglocke schrillen:

1. Ein Angebot klingt zu gut, um wahr zu sein. Wenn euch jemand unbeschreibliche Reichtümer für wenig Arbeit verspricht, benutzt ein bisschen was von eurem reichlich vorhandenen Verstand.
2. Der Arbeitsvermittler bittet euch um Vorkasse. Bezahlt nie im Voraus. Das ist ein untrügliches Zeichen dafür, dass hier nicht hauptsächlich in eure Tasche gewirtschaftet wird.
3. Jemand verlangt private Auskünfte von euch. Rückt auf keinen Fall eure Kontodaten oder Sozialversicherungsnummer raus. Das ist euch doch klar, oder?
4. Ihr bekommt sofort eine Zusage. Damit wollen wir eure Qualifikation nicht in Abrede stellen, aber seid vorsichtig, wenn das alles zu schnell geht.

Wer diese Warnungen ernst nimmt, kann durchaus Seiten finden, die legale Heimarbeit anbieten, akzeptable Gehälter zahlen und feste Abläufe garantieren, wo niemand über den Tisch gezogen wird.

Wenn ihr über Kenntnisse auf so zahlreichen Gebieten wie Texten, Buchhaltung, App-Design oder Übersetzungen verfügt, dann bekommt ihr dort beinahe minütlich neue Jobs angeboten, viele von ihnen mit Stundenlöhnen von bis zu 20 Euro oder mehr.

Aus verlässlichen Quellen, die solche Angebote nutzen, wissen wir, dass Portale wie upwork.com, freelancer.de und twago.de noch die besten und vertrauenswürdigsten Heimarbeitsseiten sind, mit denen jeder ernsthaft Geld verdienen kann, der über die entsprechenden Fähigkeiten verfügt.

Mailt uns, und wir schicken euch einen Ratgeber, wie man auch zu Hause konzentriert und produktiv arbeiten kann. Wo euch kein Chef im Nacken sitzt, irgendwas von »Meine Tür steht immer offen« labert oder ständig widersprüchliche Anweisungen erteilt.

Wahrscheinlichkeit, dass die Erfüllung dieses Wunsches glücklich macht:
Hoch. Wenn ihr es richtig anstellt, könnt ihr mehr Zeit mit der Familie verbringen, weniger gestresst sein, euch den Weg zum Arbeitsplatz sparen und zuschauen, wie eure Produktivität in ungeahnte Höhen schießt.

71

Ich wünschte, das hätte ich damals schon gewusst

Genau hier, in einem kleinen Kapitel eines Buches, dessen Existenz euch bis vor Kurzem unbekannt war, stehen die 25 Dinge, die ihr über das Leben wissen müsst. Gern geschehen.

1. Wenn ihr nicht gerade Präsident der Vereinigten Staaten von Amerika seid, langweilt ihr die Leute mit euren Bürogeschichten.
2. Steht niemals auf, solange ihr euch in einem Kanu befindet.
3. Was im Schlafzimmer passiert, bleibt im Schlafzimmer.
4. Ob ihr mies drauf oder hoch motiviert seid, liegt ganz allein bei euch.
5. Bevor ihr auf Rache sinnt, hebt lieber schon mal ein zweites Grab aus.
6. Kristalle verfügen über keinerlei Heilkräfte.
7. Sagt dem anderen, dass ihr ihn/sie mögt.
8. Die Leute werden sich immer an die Überraschungsparty erinnern, die ihr für sie organisiert habt.
9. Nur ein Idiot stolpert über das, was hinter ihm liegt.
10. Seid nicht so streng mit eurem Körper.
11. Das Leben besteht aus kleinen, scheinbar unbedeuten-

den Begebenheiten und nicht aus monumentalen und weltbewegenden Ereignissen.

12. Familie geht über alles.
13. Monty Python sind überbewertet. Genau wie Lady Gaga, Hochzeiten und Religionen.
14. Auch das geht vorbei.
15. Eure sich ständig verändernde Selbstwahrnehmung ist nicht so interessant, wie ihr denkt. Auch nicht für eure Liebsten.
16. Der beste Song, der je geschrieben wurde, ist »Under Cover of Darkness« von The Strokes. Vielleicht auch »Tiny Dancer« von Elton John. Oder doch »Life on Mars« von David Bowie. Einer von denen aber ganz sicher.
17. Seid vernünftig statt abergläubisch.
18. Kinder werden wirklich verdammt schnell groß.
19. Euer Chef mag ein Arsch sein, aber ihr müsst lernen, damit umzugehen.
20. Lest *Hundert Jahre Einsamkeit* von Gabriel García Márquez.
21. Begreift und akzeptiert, dass das Leben nicht fair ist.
22. Versöhnt euch mit euren Eltern.
23. Wer nichts zu verlieren hat, den hält nichts vom Gewinnen ab.
24. Lernt aus der Vergangenheit, lebt in der Gegenwart, plant für die Zukunft.
25. Macht euch keinen Stress mit Kleinkram. Ist nur Kleinkram.

Schreibt uns eine E-Mail, und wir senden euch den obigen Text in ansprechendem Layout zum Aufhängen.

Wahrscheinlichkeit, dass die Erfüllung dieses Wunsches glücklich macht:
Sieht gut aus. Ihr sollt die Wahrheit erfahren, und die Wahrheit soll euch befreien.

72

Ich wünschte, das Wochenende wäre länger als die Arbeitswoche

Das ist nicht die abwegigste Idee der Welt. Tatsächlich handelt es sich um einen Standpunkt mit handfesteren Argumenten, als ihr dachtet.

Der Autohersteller Ford hat in puncto Arbeitsbedingungen Pionierarbeit geleistet und war in den 1920ern das erste Unternehmen, das die Arbeitswoche von sechs auf fünf Tage verkürzte.

2008 wurde der amerikanische Bundesstaat Utah heftig von der Rezession getroffen. Die Arbeitslosenzahlen stiegen, die Produktivitätsraten fielen, der Immobilienmarkt kam zum Erliegen, und im Haushalt sah es mau aus. Der damalige Gouverneur von Utah, Jon Huntsman, beschloss daraufhin, die Arbeitswoche aller Mitarbeiter des Bundesstaats auf vier Tage zu verkürzen. Durch die Schließung der Behörden am fünften Werktag konnte er ein Vermögen sparen. Mit nur vier Wochen Vorlauf wurden 18.000 von 25.000 Arbeitnehmern auf eine Vier-Tage-Woche gesetzt, 900 öffentliche Gebäude blieben freitags geschlossen. Fahrzeuge, die dem Bundesstaat gehörten, blieben am fünften Tag einfach stehen und sparten der Regierung so letztlich fast fünf Millionen Betriebskilometer.

Schon bald verstummten sämtliche Beschwerden der Arbeitnehmer, sie hatten sich angepasst. Acht von zehn Angestellten waren von der Initiative begeistert und wollten sie fortführen. Zwei Drittel behaupteten sogar, dadurch produktiver zu arbeiten, und nur drei Prozent klagten über Probleme bei der Kinderbetreuung. Büros in ganz Utah vermeldeten ein verbessertes Arbeitsklima. Dieser Eingriff sparte dem Staat Millionen von Dollar, es gab weniger Staus, und der Ausstoß von Kohlenmonoxid fiel um vierzehn Prozent.

Trotz dieser Positivbeispiele werden sich die meisten Unternehmen mit der Vier-Tage-Woche wohl eher schwertun. Wie könnte man das Problem sonst noch lösen? Dass wir die Woche gedanklich in Arbeit und Freizeit einteilen, ist mit ein Grund für unsere Leiden. Wir schleppen uns durch fünf Tage stumpfen Arbeitsalltag, nur um uns mit zwei Tagen Freizeit zu belohnen. Und dann das Ganze wieder von vorn. Das ist doch kein Leben.

So abgedroschen es auch klingen mag, die Lösung lautet: Findet eine Tätigkeit, bei der ihr hochbegabt seid, werdet noch besser und seid clever genug, irgendwie damit Geld zu verdienen. Nur so löst sich die Grenze zwischen Arbeit und Freizeit auf. Vorher habt ihr die Arbeit lediglich ertragen, jetzt wird sie zu eurer Mission, eurer Lebensaufgabe, eurer Inspiration.

Wenn ihr verzweifelt auf der Suche nach eurer wahren Bestimmung seid, schickt uns ein paar Infos über euch, und wir helfen euch sie zu finden.

Wahrscheinlichkeit, dass die Erfüllung dieses Wunsches glücklich macht:
Einigermaßen hoch, aber in der Praxis unwahrscheinlich. Es sei denn, ihr gründet eure eigene Firma, siehe Wunsch 1.

73

Ich wünschte, ich würde nicht immer so schnell aufgeben

Wir nehmen es euch nicht übel, wenn ihr Steven Pressfields *The War of Art* noch nicht gelesen habt – es ist ein relativ unbekanntes Buch. Es enthält allerdings eine ganz entscheidende Lebensweisheit: »Je wichtiger eine Entscheidung oder Aktion für unsere persönliche Weiterentwicklung ist, desto mehr widerstrebt sie uns.«

Über zwanzig Filmstudios haben George Lucas' *Star Wars* zunächst abgelehnt.

J.K. Rowling saß den ganzen Tag im Café und schrieb, während sie und ihre Tochter von Sozialhilfe lebten. Hätte sie aufgegeben, gäbe es keinen Harry Potter.

Albert Einstein sprach kein einziges Wort, bis er vier Jahre alt war, erst mit sieben konnte er lesen. Er hatte es schwer in der Schule, und am Polytechnikum in Zürich bekam er zunächst keinen Studienplatz.

Walt Disney flog 1919 beim *Kansas City Star* raus, weil sein Chefredakteur meinte, es würde ihm an Fantasie und guten Ideen mangeln. Später hagelte es 302 Absagen für seine Herzensangelegenheit – die Eröffnung eines Themenparks.

Zu Lebzeiten interessierte sich niemand für die Arbeiten von Vincent van Gogh. Nur ein einziges Bild konnte er verkaufen – und das an einen Kumpel zum Freundschaftspreis.

242 Banken lehnten den Businessplan von Starbucks-Gründer Howard Schultz ab.

Über 200 Investoren wollten nichts von Google wissen.

Der Atari-Gründer Nolan Bushnell hatte die Möglichkeit, ein Drittel der Firma Apple für 50.000 Dollar zu erwerben, doch er verzichtete. Heute wäre sein Anteil circa 150 Milliarden Dollar wert.

Dick Rowe von der Plattenfirma Decca sagte zu Beatles-Manager Brian Epstein: »Gitarrenbands sind auf dem absteigenden Ast«, bevor er den Vertrag mit den Beatles *nicht* unterzeichnete.

Niemand weiß irgendwas, deshalb lasst euch nicht verunsichern und macht einfach weiter. Falls ihr trotzdem resigniert, mailt uns eure Gründe, und wir schicken euch ein paar persönliche Ratschläge und sprechen euch Mut zu.

Wahrscheinlichkeit, dass die Erfüllung dieses Wunsches glücklich macht:
Hoch. Durchhaltevermögen ist eine unbezahlbare Tugend.

74

Ich wünschte, ich könnte meine eigenen Möbel bauen

Diesen Wunsch lieben wir vor allem deshalb, weil er uns an Ron Swanson erinnert, einen der Protagonisten aus der Fernsehserie *Parks and Recreation*. (Diese großartige Serie kann man getrost bei Wunsch 17 hinzufügen.)

Wo waren wir? Ach ja, jeder sollte mindestens einen einfachen Stuhl schreinern können. Genau wie man wissen sollte, wie man ein Stromkabel anschließt, sein eigenes Gemüse anbaut, ein Auto fremdstartet, schlechte Nachrichten überbringt, den Heimlich-Handgriff anwendet, nach einer Gehaltserhöhung fragt, eine Auster öffnet, ein Bild aufhängt, eine spannende Geschichte erzählt, seinen Urlaubskoffer packt, mit Stäbchen isst, seinem Kind Fahrradfahren beibringt, einen Kinnhaken landet, ein Lagerfeuer macht, einen guten ersten Eindruck hinterlässt, einen Knopf annäht, eine Tür eintritt, eine Festplatte sichert, nicht ewig nur der beste Freund bleibt, ein Ei pochiert, Holz hackt, eine Lüge erkennt, Rotweinflecken entfernt, ein Kompliment annimmt, sein schlechtes Gewissen loswird, sich aufrichtig entschuldigt, einen Fisch ausnimmt, einen Reifen wechselt, einen BH öffnet, jemandem präzise den Weg weist, ein Zimmer streicht, einen

Nachmittag lang auf ein Baby aufpasst, rückwärts einparkt, mit Kritik umgeht, einen Edelstein kauft, einen Verband anlegt, WLAN einrichtet, einen Splitter entfernt, feilscht, schnell liest, »Ich liebe dich« sagt, einen Kuchen backt, einen Feuerlöscher benutzt, den Stich einer Biene behandelt, eine Torte backt, eine Grillparty veranstaltet, seine Steuererklärung macht, am Türsteher vorbeikommt, ein Kind zum Lachen bringt, einen leckeren Cocktail mixt, sich dem Anlass entsprechend anzieht, ein Geschenk einpackt, flirtet, ohne das Objekt seiner Begierde zu vergraulen, und wie die erste Regel des Fight Club lautet.

So sieht's aus. Das sind die Dinge, die man im Leben draufhaben sollte.

Wenn ihr wirklich einen Stuhl bauen wollt, dann schreibt uns eine Mail. Wir schicken euch eine Anleitung.

Wahrscheinlichkeit, dass die Erfüllung dieses Wunsches glücklich macht:
Hängt vom Ergebnis ab, aber bei Gelingen stellt sich in der Regel ein hohes Maß an Zufriedenheit ein.

75

Ich wünschte, ich würde meine Migräne in den Griff bekommen

In Großbritannien kommt es jeden Tag zu geschätzten 190.000 Migräneanfällen. Die Betroffenen können ein schmerzliches Lied davon singen.

Wer Migräne hat (und der Begriff Kopfweh wird dem in keinster Weise gerecht), merkt das auch: Da ist ein dauerhaft hämmernder Schmerz, manchmal nur auf einer Seite, oftmals begleitet von Übelkeit und Sehstörungen. Ein typischer Migräneanfall kann ein paar Stunden oder auch drei Tage dauern. Und selbst wenn er vorbei ist, ist er noch längst nicht vorbei – die Folge ist häufig völlige Erschöpfung.

Schlimme Migräneanfälle werden von der Weltgesundheitsorganisation WHO als schwer beeinträchtigende Krankheit eingestuft, vergleichbar etwa mit Demenz, Psychosen oder Ähnlichem.

Migräne entspringt mutmaßlich einer Mischung aus genetischen und umweltbedingten Faktoren – in zwei Dritteln der Fälle liegt sie in der Familie. Früher nahm man an, dass nur intelligente Menschen von ihr heimgesucht werden, doch selbst dieser schwache Trost für alle Betroffenen gilt mittlerweile als überholt. Körperliche Aktivitäten verstärken meist nur den Schmerz, allerdings unterscheiden sich die Symptome von Person zu Person und von Anfall zu Anfall.

Es existiert zwar kein bekanntes Heilmittel gegen Migräne, aber manche schwören auf spezielle Heilkräuter, darunter Kamille als veritables Mittel gegen Stress, Nervenbelastung und Angstzustände. Sie wirkt entzündungshemmend und kann bei Kopfschmerzen helfen.

Schreibt uns, und wir schicken euch ein paar Kamille-Teebeutel. Natürlich ist das kein Wunderheilmittel, und jeder mit regelmäßigen heftigen Kopfschmerzen sollte seinen Arzt um Rat fragen. Uns ist klar, dass dies nur eine Geste sein kann. Doch wir fühlen mit allen, die unter Migräne leiden.

Wahrscheinlichkeit, dass die Erfüllung dieses Wunsches glücklich macht:
Wäre natürlich absolut fantastisch für alle Migränepatienten, sollte es bald mal ein Heilmittel geben.

76

Ich wünschte, alte Menschen wären nicht so oft allein

Von Mutter Teresa ist der Satz überliefert: »Heutzutage ist die schlimmste Krankheit nicht Lepra, Krebs oder Tuberkulose, sondern das Gefühl, nicht mehr gebraucht zu werden, dass sich niemand mehr um einen kümmert, dass man ganz allein ist.«

Die meisten Industrienationen zeichnen sich durch einen hohen Anteil an älterer Bevölkerung aus, da macht Großbritannien keine Ausnahme. Tatsächlich gibt es hier mehr Rentner als Kinder unter sechzehn Jahren. Jeder Fünfte erlebt seinen hundertsten Geburtstag.

Laut der Wohltätigkeitsorganisation Age Concern UK bezeichnen vier Millionen Senioren den Fernseher als ihren besten Freund, eine Million pflegt im Schnitt einen Monat lang keinerlei menschliche Kontakte, und 600.000 verlassen maximal einmal in der Woche ihre Wohnung.

Erst vor Kurzem wurde darüber berichtet, dass Einsamkeit eines der größten Gesundheitsrisiken ist. Menschen, die sich isoliert fühlen, sterben häufig früher als der Rest. Man könnte sogar sagen, dass Einsamkeit schädlicher als Übergewicht ist. Zudem führt sie zu emotionalen Problemen wie Depression und Aggression. Daraus entsteht wiederum die Angst vor Zurückweisung, und man zieht sich noch mehr zurück – ein Teufelskreis.

Für viele ist der »Herbst des Lebens« eine unschöne Erfahrung. Fähigkeiten schwinden, der Bewegungsradius wird kleiner, die Aktivitäten werden weniger, und die angenehmen Erinnerungen verblassen. Eine düstere Aussicht für Millionen von Menschen.

Wenn ihr jemanden kennt, der alleine lebt und sich über Besuch freuen würde, sagt uns Bescheid, und wir schicken euch was Süßes, das ihr mitnehmen könnt. Jetzt habt ihr auch keine Ausrede mehr.

Und wo ihr schon mal da seid, zeigt dieser Person doch mal ein paar passende Apps für die ältere Generation (Messenger wie Skype oder WhatsApp, Kreuzwort-Apps, Gesundheits-Apps etc.) und empfehlt ihr ein Smartphone oder ein Tablet, um den Kontakt mit Freunden oder Verwandten zu halten.

Wahrscheinlichkeit, dass die Erfüllung dieses Wunsches glücklich macht:
Superhoch, vor allem für den Menschen, den ihr gleich besuchen geht.

77

Ich wünschte, jeder würde über Zwangsstörungen Bescheid wissen

Neuerdings fällt öfter mal ein Satz wie »Ich hab da eine kleine Zwangsstörung«, wenn jemand ein bisschen zu pingelig in Hygienefragen ist. Meistens ist das augenzwinkernd gemeint.

Eine echte Zwangsstörung ist leider alles andere als lustig. Sie ist ein Defekt in Denken und Handeln und löst ein irrational zwanghaftes Verhalten aus, das sich für die Betroffenen als alternativlos darstellt.

Dazu gehört zum Beispiel die Angst vor Krankheiten oder Keimen, im schlimmsten Fall macht dies sogar Umarmungen unmöglich. Menschen mit einer Zwangsstörung sind häufig an Rituale wie zwanghaftes Händewaschen oder das Anordnen von Objekten in einer bestimmten Reihenfolge gebunden. Oder sie achten peinlich genau auf den eigenen Herzschlag, werden immer wieder von Gedanken über den eigenen Tod oder über eine Gefahr für Nahestehende heimgesucht.

Oder wie Toni Neville, ein Betroffener, das beschreibt:

»Es ist so, als würde man von einem Puppenspieler gelenkt werden. Jedes Mal, wenn du ausbrechen willst, zieht er dich zurück. Bist du sicher, dass du den Herd ausgemacht und alle Stecker rausgezogen hast? Komm wieder her. Sind deine Hände wirklich so sauber wie möglich? Komm schön brav wieder her. Sind die Türen auch sicher verschlossen? Und hiergeblieben. Wie viele Leute haben diesen Gegenstand vor dir berührt? Gleich noch mal Hände waschen.«

Wer von Zwangsstörungen gequält wird, steht im ständigen Konflikt mit seinen Ängsten und versucht, sie mit zwanghaftem Verhalten unter Kontrolle zu bringen. Bis es ausartet und man professionelle Hilfe benötigt.

Selbst die Erkenntnis, dass diese Ängste unbegründet sind, nimmt ihnen nicht ihre Macht – ihr Einfluss auf ein Individuum ist nur schwer nachzuvollziehen. Daher stellt die Krankheit auch für Freunde und Angehörige eine große Herausforderung dar.

David Adam, Experte für Zwangsneurosen, erklärt: »Ich bin kein Psychiater und kein Psychologe, aber ich kann Ihnen versprechen, dass sich dieser Zustand nicht von selbst erledigt. Es handelt sich um ein medizinisches Problem, also suchen Sie sich medizinische Hilfe.«

Wenn ihr Angst habt, unter Zwangsstörungen zu leiden, mailt uns, und wir schicken euch ein Notizbuch, in das ihr ungeliebte und wiederkehrende Gedanken sowie eure Gegenmaßnahmen eintragen könnt. Es ist tatsächlich hilfreich, Muster herauszuarbeiten und zu lernen, sie zu durchbrechen.

Wahrscheinlichkeit, dass die Erfüllung dieses Wunsches glücklich macht:
Hoch. Zwangsstörungen werden häufig fehlinterpretiert, und die Verwendung des Begriffs in unserer Alltagssprache hat nicht gerade zu einem besseren Verständnis beigetragen.

78

Ich wünschte, ich könnte **Gitarre spielen**

Das wünschen sich viele Leute. Was sicher an dem unvergleichlichen und zutiefst befriedigenden Gefühl liegt, musikalische Versiertheit zu erlangen und gleichzeitig etwas Neues zu lernen. Musik ist ein fantastisches Vehikel für Kreativität, künstlerischen Ausdruck und Inspiration.

Natürlich sind das nur schnöde Nebeneffekte.

In Wirklichkeit will man Gitarre spielen, weil man es so am einfachsten in eine Band schafft. Und es gibt nichts Besseres, als in einer Band zu spielen. Ernsthaft, keine andere Karriereoption hat so viel Potenzial wie eine erfolgreiche Band:

Die kreischenden Fans, die Privatjets und Privatzoos, die endlosen Aufenthalte in Reha-Kliniken, die Sex-Tapes, die Engelsgeduld eures leidenden Partners, das Einschmuggeln eines Berglöwen in eure Luxussuite, die geilen Tattoos, die ihr mittlerweile bereut, die Erdnussbutter-Sandwiches aus dem Catering, die Kleinkriege mit der Plattenfirma, die Verhaftungen wegen Sittlichkeitsvergehen, die sinnlose Schönheits-OP, die vom Zoll einkassierten Schoßäffchen, das Bewerfen des Publikums mit Innereien, der Zwischenfall im Holiday Inn, den wir nicht mehr erwähnen wollten, der Zwischenfall, bei dem ihr euch selbst überfahren und die Schuld auf zu viele Ofenkartoffeln in eurem Magen geschoben habt, die Zeugung zahlloser unehelicher Nachkommen, das Immer-mehr-dem-Wahnsinn-Verfallen, der Kauf eines Luftkissenboots, bevor ihr es auf irgendwelche Bahngleise setzt, der brutale Angriff auf einen Roadie mit Sexspielzeug, der Spaghetti-Zwischenfall, das Erstürmen der Bühne bei einer Award-Show, weil ihr mit der Entscheidung der Jury nicht einverstanden seid, das verblüffende Comeback und die endgültige Einkehr in die Ruhmeshalle der Legenden.

Das kommt alles auf euch zu. Jetzt müsst ihr nur noch damit anfangen.

Sollte die obige Auflistung noch nicht Ansporn genug sein, schreibt uns, welche Rockstars sich hinter den genannten »Zwischenfällen« verbergen, und wir schicken euch für den Anfang ein Plektrum. Wir geben zu, dass manche Vorfälle gleich auf mehrere Musiker zutreffen. Wir geben auch zu, dass ein Plektrum ein armseliger Preis ist. Tut uns leid. Echt jetzt.

Wahrscheinlichkeit, dass die Erfüllung dieses Wunsches glücklich macht:
Kommt drauf an. Für manche ist der Aufstieg in den Rockolymp ein Todesurteil, manche kommen ganz gut damit klar.

79

Ich wünschte, meine Legasthenie würde **mich nicht davon abhalten,** mein volles Potenzial auszuschöpfen

Legasthenie manifestiert sich häufig – aber nicht ausschließlich – in einer Leseschwäche, und das nicht selten bei normal begabten oder sogar hochintelligenten Menschen. Manche haben zusätzlich Schwierigkeiten mit dem Schreiben oder Buchstabieren.

In Wirklichkeit steckt viel mehr hinter dem Phänomen Legasthenie. Die Betroffenen sehen die Welt mit anderen Augen, sie drücken sich anders aus, es fällt ihnen schwer, ihre Gedanken auf herkömmliche Weise zu ordnen. Was daran liegt, dass sie mehrere Perspektiven gleichzeitig wahrnehmen. Das führt in Kombination mit einem hohen IQ oft dazu, dass sie im Gespräch leicht durcheinander wirken. Ihre Konzepte mögen uns schräg oder seltsam vorkommen, doch für sie selbst ergeben sie absoluten Sinn. Zudem ist ihnen oft gar nicht bewusst, dass sie sich nicht an die üblichen Gesprächs- und Umgangsformen halten.

Legastheniker bekommen ihre Krankheit häufig bis zum Schulabschluss in den Griff, und nicht wenige eignen sich im Laufe der Zeit eine ausgeprägte Konzentrationsstärke und Willenskraft an, wodurch sie in Verbindung mit ihren »komplexen« Gedankengängen beruflich äußerst kreativ und damit immens erfolgreich sind. Wir kennen einen Risikokapitalgeber, der genau aus diesem Grund gezielt nach Legasthenikern sucht.

Vielleicht habt ihr ja bereits von berühmten Legasthenikern gehört, denn dazu gehören Richard Branson, Albert Einstein, Muhammad Ali, Jamie Oliver, Steven Spielberg, Henry Ford, F. Scott Fitzgerald, George Washington, Pablo Picasso und Leonardo da Vinci. Sogar Donald Trump sagt man Legasthenie nach, aber es können ja auch nicht alle Genies sein.

Dennoch macht wohl jeder Legastheniker eine harte Phase im Leben durch. Die Krankheit führt nicht selten zu Fehldiagnosen, sie schadet dem Selbstbewusstsein und dem Glauben an die eigenen Fähigkeiten. Wenn ihr jemanden kennt, egal ob Kind oder Erwachsener, der momentan mit Legasthenie zu kämpfen hat, dann schreibt uns, und wir schicken demjenigen etwas, das ihm helfen wird.

Wahrscheinlichkeit, dass die Erfüllung dieses Wunsches glücklich macht.
Falls ihr Legastheniker seid: Kopf hoch. Ihr müsst es nur durch die Phase schaffen, in der man euch auf engstirnige Art und Weise als »anders« klassifiziert. Danach wird alles gut.

80

Ich wünschte, ich hätte reinere Haut

Pickel gehören doch eigentlich in die Pubertät, genau wie sich von zu viel Alkopops übergeben, Gronkh auf YouTube glotzen, Türen zuknallen und so tun, als würde man die Handlung von *Donnie Darko* kapieren. Alles nur eine Übergangsphase. Gemeinerweise stellt sich irgendwann heraus, dass man sein ganzes Leben lang Pickel bekommt, und das nervt. Warum genau wird man noch mal erwachsen?

Lest euch diese fünf unglaublich öden Tipps durch, und in fünf oder sechs Jahren sieht eure Haut deutlich besser aus. Kleiner Scherz – die helfen sofort. Na ja, sagen wir *zeitnah*.

1. Mit Make-up ins Bett gehen ist die schlimmste Sünde. Vielleicht nicht die schlimmste, es gibt ja auch noch Mord. Aber das fettige Zeug über Nacht auf eurem Gesicht zu lassen verstopft die Poren und hindert die Haut am Atmen.
2. Achtung, hier kommt einer der spießigsten Sätze der Welt: In Beeren finden sich nicht nur zahlreiche Antioxidantien, sondern auch Vitamin C, und sie verfügen über einen geringen glykämischen Index, der euren Blutzuckerspiegel unten hält (wir haben euch vor dem Satz gewarnt). Kurzform: Von Zucker bekommt man Pickel, also schnappt euch lieber ein paar Beeren.

3. Pickel werden von körpereigenen Fetten erzeugt, die entstehen, wenn die Haut zu trocken ist. Also trinkt mehr Wasser. Das ist jetzt aber wirklich der langweiligste Ratschlag der Menschheitsgeschichte. Sorry dafür.
4. Das Fett aus euren Haaren bleibt nachts auf dem Kissen kleben, also wechselt einmal pro Woche den Bezug. Aber das solltet ihr sowieso machen, ihr kleinen Ferkel.
5. Ohne jetzt nach einem Zwangshygieniker à la Howard Hughes klingen zu wollen – aber alles ist voller Bakterien! Sie finden sich auf Handys, Speisekarten, Aufzugknöpfen, in öffentlichen Räumen, einfach überall. Hört auf, euch dauernd ins eigene Gesicht zu fassen, nur weil ihr kokett rüberkommen wollt, dann übertragt ihr sie auch nicht.

Zu guter Letzt empfehlen wir euch Teebaumöl gegen Pickel und Mitesser. Schreibt uns, und wir schicken euch was davon, sobald eure Haut wieder mal einen auf Teenager macht. Keine Ursache.

Wahrscheinlichkeit, dass die Erfüllung dieses Wunsches glücklich macht:
Klingt trivial, aber der Pickelfluch macht einen fertig und kostet Selbstvertrauen.

81

Ich wünschte, die Leute würden ihren Hund nicht im überhitzten Auto lassen

Kaum zu glauben, dass so etwas immer noch passiert, aber jedes Jahr sterben tatsächlich Tausende von Hunden unbeaufsichtigt in Autos.

Man könnte jetzt denken, dass es sich bei den Besitzern um nachlässige oder herzlose Menschen handelt, doch in den meisten Fällen lieben sie ihre Hunde und wollten nur einen kleinen Ausflug mit ihnen unternehmen. Es sind ganz normale Leute, denen ein Fehler unterlaufen ist.

Leider wissen die meisten von uns nicht, wie schnell so ein Hund in Atemnot gerät. In der Zeit, in der man im Supermarkt ein paar Sachen fürs Abendessen besorgt und an der Kasse wartet, kann der Hund schon tot sein oder sein Gehirn Schaden genommen haben. Selbst wenn das Auto im Schatten stand, das Fenster offen war und er etwas zu trinken hatte.

Es muss noch nicht einmal besonders heiß draußen sein, damit sich das Innere eines Autos dramatisch aufheizt. Schon bei einer Außentemperatur von 27 Grad Celsius steigt das Thermometer im Auto innerhalb von nur zehn Minuten auf 37 Grad.

Hunde können gegen die Hitze nicht viel ausrichten, sie kühlen sich nur durch Hecheln und austretenden Schweiß an der Unterseite ihrer Pfoten ab. Wenn die Luft um sie herum zu heiß wird – vor allem dann, wenn sie nichts zu trinken bekommen –, können sie ihre Körpertemperatur nicht mehr regulieren, und der Überlebenskampf beginnt.

Nehmt euren Hund doch einfach immer mit, selbst wenn es nur ein paar Minuten dauert.

Wenn euch das Thema am Herzen liegt, schreibt uns, und wir schicken euch ein augenfälliges Plakat, das ihr in der Nachbarschaft aufhängen könnt. Wenn nur ein Hund dadurch gerettet wird, war es das wert.

Wahrscheinlichkeit, dass die Erfüllung dieses Wunsches glücklich macht:
Natürlich hoch. Einen Hund so sterben zu lassen ist grausam und sinnlos.

82

Ich wünschte, ich könnte **besser kochen**

Macht euch keinen Kopf. Ihr braucht nur ein einziges deliziöses Meister-Rezept, um den Eindruck zu erwecken, es sei nur eins von vielen, die ihr mal eben so auftischt. Los geht's:

Fragt ein paar Tage vorher bei einem richtigen Fischhändler nach ein paar Filets vom schwarzen Zackenbarsch. Wenn er euch fragend anschaut, dann erklärt ihm gönnerhaft, dass man den auch Kohlenfisch nennt.

Sucht euch einen gut sortierten Supermarkt. Kauft Salatblätter und etwas, das sich Mirin nennt (ein süßer japanischer Reiswein), eine kleine Flasche Sake, ein bisschen Miso-Paste und dunkles Sesamöl.

Geht nach Hause und macht euch erst mal einen Tee. Danach gebt ihr 50 ml Mirin und 50 ml Sake in einen kleinen Kochtopf und bringt das Ganze zwanzig Sekunden lang zum Kochen, bevor ihr die Hitze wieder runterdreht und drei Esslöffel Miso-Paste sowie einen Esslöffel Zucker hinzugebt. Rührt so lange, bis sich der Zucker aufgelöst hat.

Nehmt den Topf vom Herd und ergänzt noch zwei Esslöffel Sesamöl. Gießt die Marinade in eine Auflaufform und lasst sie abkühlen. Jetzt belohnt ihr euch mit einem Gin Tonic, egal wie spät es ist. Den habt ihr euch redlich verdient, lasst euch da nichts erzählen.

Währenddessen wendet ihr die Fischfilets ein paar Mal in der Auflaufform, deckt sie mit Frischhaltefolie ab und stellt sie einen Tag in den Kühlschrank. Versucht euch an die Namen derjenigen Bekannten zu erinnern, die ihr ein Abendessen lang ertragen könnt.

Wenn eure Gäste dann endlich auftauchen, nehmt ihr die Filets aus dem Kühlschrank und entfernt die überschüssige Marinade. Bratet die Filets auf jeder Seite ungefähr drei Minuten an, bis die Haut anfängt, braun und knusprig zu werden. Der Fisch sollte jetzt eine dunkle Farbe angenommen haben und leicht mit der Gabel aufzutrennen sein.

Seltsamerweise verträgt sich dieses Gericht – ungewöhnlich für einen Fisch – am besten mit einem fruchtigen Rotwein wie einem Zinfandel oder einem Cru du Beaujolais. Krass, oder?

Ihr könnt das Ganze ja zusammen mit den Salatblättern und ein wenig Reis servieren, bevor ihr endgültig in ein Wohlfühlbad aus Komplimenten steigt und euch an dem Zinfandel bewusstlos sauft.

Schreibt uns, und wir schicken euch fünfzig einfache Rezepte, die anspruchsvoller wirken, als sie sind.

Wahrscheinlichkeit, dass die Erfüllung dieses Wunsches glücklich macht:
Sollte nicht jeder halbwegs erwachsene Mensch mindestens ein Gericht kochen können? Rühreier zählen nicht.

83

Ich wünschte, ich könnte mich bei meinen Eltern für alles revanchieren, was sie je für mich getan haben

Meint ihr das wörtlich? Das macht dann 250.000 Euro. Zumindest laut den Experten des Centre for Economics and Business Research, die ausgerechnet haben, was es durchschnittlich kostet, ein Kind von der Geburt bis zum 18. Lebensjahr zu betreuen. Mir kommt dieser Betrag ziemlich untertrieben vor – wenn ich allein schon daran denke, was ich neulich mit all meinen Neffen im Legoland ausgegeben habe.

Es gibt tatsächlich Fälle, in denen Eltern ihren Kindern eine Rechnung geschrieben haben – meistens dann, wenn der Sprössling es zu Ruhm und Reichtum gebracht hat. Aber das ist nicht die übliche Vorgehensweise. Es existiert eine stille Übereinkunft darüber, dass die Eltern sich in euren frühen Jahren um euch kümmern und ihr euch um sie, wenn sie am Stock gehen. Ist auch deutlich zivilisierter und einfühlsamer als eine Rechnung.

Falls ihr euch fragt, wie ihr den Eltern gegenüber eure Dankbarkeit ausdrücken könnt – das geht eigentlich ganz einfach.

Eltern wollen sich geliebt und geschätzt fühlen. Sie haben sich das Recht verdient, mit Nachsicht und Verständnis behandelt zu werden. Seid nicht unfreundlich und flippt nicht gleich aus, wenn euer alter Herr mal nicht eure Meinung über die EU teilt oder nicht kapiert, wozu Snapchat gut sein soll.

Eltern wollen regelmäßig von ihren Kindern hören, und damit ist kein Gnaden-Telefonat gemeint, in dem man kurz angebunden seine übliche Woche runterrattert. Sie wollen wissen, wie's euch wirklich geht, und wenn ihr das mit ihnen teilt, besteht eine reelle Chance, dass ihr von ihrer Sicht der Dinge profitiert. Natürlich liegen sie auch oft ganz schön daneben, aber dann bleibt diplomatisch und nuschelt irgendwas Zustimmendes.

Zu guter Letzt: Gebt euren Eltern keine Ratschläge. Erziehungsberechtigte zu erziehen ist noch nie gut ausgegangen. Nur weil eure ältere Mutter in einem Bereich ihres Lebens Hilfe braucht, ist sie in anderen kein hoffnungsloser Fall. Zieht keine voreiligen Schlüsse, das ist herablassend, damit nehmt ihr euren Eltern die Unabhängigkeit weg.

Wenn ihr euch gegenüber euren Eltern als dankbar erweisen wollt, schreibt uns, und wir senden ihnen in eurem Namen eine wunderschöne personalisierte Karte, die ohne jeden Kitsch ausdrückt, wie viel sie euch bedeuten. Ihr kennt ja den Spruch vom Bild, das mehr sagt als tausend Worte.

Wahrscheinlichkeit, dass die Erfüllung dieses Wunsches glücklich macht:
Hoch. Irgendwann ist es zu spät, eure Dankbarkeit zu zeigen. Tut es jetzt.

84

Ich wünschte, Eltern würden ihren Kindern mehr vorlesen

Nur die Hälfte aller Kinder kriegt eine Gutenachtgeschichte vorgelesen. Schon ein bisschen deprimierend, oder? Wir wollen hier natürlich niemandem irgendwelche Vorschriften im Umgang mit dem eigenen Nachwuchs machen. Allerdings lässt sich nicht leugnen, dass eine Gutenachtgeschichte eine magische Erfahrung sowohl für Kinder als auch für Erwachsene sein kann.

Schwer zu sagen, ob diese Tradition wirklich schon vom Aussterben bedroht ist. Doch sie lässt sich zumindest deutlich problemloser in den Alltag integrieren, wenn Eltern und Kinder die Geschichte gleichermaßen gut finden.

Einem Kind laut vorzulesen erzeugt nicht nur diese erhabene Stille, sondern schafft auch eine wundervolle Verbindung. Es ist ein vertrauliches, beruhigendes Ritual und gleichzeitig ein wichtiges Tagesereignis, das dem Kind Sicherheit und Ansprache vermittelt.

Gutenachtgeschichten regen die Fantasie auf eine Art an, wie es Filme nicht schaffen. Die dabei entstehenden Bilder sind lebendig und voller Details. Kleine Kinder lernen so Farben, Zahlen und Formen. Es prägt ihr Verständnis der Welt und fördert die Liebe zum Lesen, was ihnen wiederum später beim Schreiben und in ihrer allgemeinen intellektuellen Entwicklung zugutekommt.

Falls ihr noch ein paar Anstöße gebrauchen könnt, stellen wir euch hier die vielleicht besten Kinderbücher aller Zeiten vor.

1. *O je, du fröhliche* (Raymond Briggs)
2. *Fridolin, der freundliche Riese* (Frank Herrmann)
3. *Frau Pepperpott bringt Schwung ins Haus* (Alf Proysen)
4. *Ein Tiger kommt zum Tee* (Judith Kerr)
5. *The Velveteen Rabbit – Der Samthase* (Margery Williams und William Nicholson)
6. *Ein Freund wie Stig* (Clive King)
7. *James und der Riesenpfirsich* (Roald Dahl)
8. *Wilbur und Charlotte* (E.B. White)
9. *Eloise* (Kay Thompson)
10. *Haunted House* (Jan Pieńkowski)

Schreibt uns, und wir schicken euch weitere Empfehlungen.

Wahrscheinlichkeit, dass die Erfüllung dieses Wunsches glücklich macht:
Pappsüßes Klischee, aber Kinder lieben es, etwas vorgelesen zu bekommen. Es ist ein wunderbares Ritual für sie und eine erholsame Erfahrung für euch.

85

Ich wünschte, ich könnte **Model werden**

Model klingt erst mal nach einem reizvollen Job. Nach guter Bezahlung, Glamour und Reisen ins Ausland. Nach Menschen, die über eure Witze lachen, euch Feuer geben und euch immer wieder versichern, wie schön ihr seid.

Tatsächlich reden wir von einem halbseidenen, von raffgierigen Machos betriebenen Ausbeuter-Geschäft, in dem stillschweigend Essstörungen gutgeheißen, blutjunge Mädchen schikaniert und manipuliert werden und ein grassierender Missbrauch von Drogen und Alkohol herrscht. Die Schönheitsindustrie ist in Wahrheit potthässlich.

Besonders deprimierend ist die Tatsache, dass viele Mädchen bereits zwischen dreizehn und sechzehn mit dem Modeln beginnen. Die meisten von ihnen erhalten nur wenig Unterstützung, und viele berichten, noch nicht einmal zu Jobs oder Castings abgeholt zu werden. Sie beschreiben ihren Arbeitsplatz oft als Nährboden für zügellosen Drogenkonsum, sexuelle Belästigung und sogar Missbrauch. Doch in der Regel kommt nichts davon zur Anzeige, und auch die Agenturen zeigen keinerlei Mitleid. Models berichten von Fällen, in denen ihre Agenten ihnen dazu rieten, mit bestimmten Männern ins Bett zu steigen, um die Karriere anzukurbeln. Zum Tagesgeschäft gehört auch, dass Models sich bei Shows und Shootings vor wildfremden Menschen um- und ausziehen müssen. Niemand schützt ihre Würde.

Die Model Alliance – eine New Yorker Interessenvertretung für ein sicheres und korrektes Arbeitsumfeld bei Models – vermeldet, dass zwei Drittel aller Models von ihren Agenturen unter Druck gesetzt wurden, um abzunehmen, und fast siebzig Prozent geben an, unter Angstzuständen oder Depressionen zu leiden.

Obwohl die Bezahlung am oberen Ende der Skala exorbitant ausfallen kann, werden weniger bekannte Models von ihren Agenturen regelrecht ausgenommen. Im letzten Jahr wurden mehrere namhafte Agenturen von ehemaligen Models verklagt, weil sie ein »geheimniskrämerisches Umfeld geschaffen haben, das die Frauen im Unklaren über ihre finanzielle Situation lässt«.

Selbst die Königin des Catwalks, Cara Delevingne, hat die Branche als »grauenvoll« bezeichnet.

Falls ihr uns immer noch nicht glaubt, schaut euch die Dokus *Picture Me* oder *Girl Model* an, beide gibt's online. Immer noch nicht überzeugt? Dann schreibt uns, und wir schicken euch ein paar ernst gemeinte Vorschläge für weniger traumatisierende Berufe.

Wahrscheinlichkeit, dass die Erfüllung dieses Wunsches glücklich macht:
Gleich null. Wenn ihr auf jede nur denkbare Weise ausgebeutet werden wollt, dann ist die Model-Branche euer Ding.

86

Ich wünschte, mein Partner* würde nicht so schnarchen

Der Penner.

Scherz. Euer Partner ist natürlich toll.

Das ist ein Wunsch, der statistisch gesehen hauptsächlich bei Ehefrauen und Freundinnen gut ankommt. Denn aktuelle Umfragen haben ergeben, dass neunzig Prozent aller Menschen sich das Bett mit einem ratzenden Partner teilen.

Schnarchen betrifft alle Altersklassen, sogar Kinder, aber am häufigsten Erwachsene zwischen dreißig und fünfzig und davon vor allem Männer. Die schnarchen doppelt so häufig wie Frauen.

Deshalb sei's den Schnarchern gesagt: Schnarchen ist das absolute Gegenteil von sexy und für euren Bettnachbarn die reinste Folter. Außerdem kann Schnarchen Risse in einer Beziehung noch weiter vertiefen. Wenn euch die Person, mit der ihr zusammenlebt, sogar im Schlaf hasst, wie wollt ihr ihrem kritischen Blick dann tagsüber standhalten?

Ohne zu sehr ins eklige Detail gehen zu wollen: Schnarchen wird von den Schwingungen des Weichgewebes in Kopf und

---

* Sorry für diesen saublöden Begriff

Nacken erzeugt, während ihr im Schlaf ein- und ausatmet. Das betrifft die Nasenwege, die Gaumensegel und die Mandeln. Man kann es nur schwer beheben, aber lernen, damit umzugehen.

Eine OP garantiert leider kein vollständiges Verschwinden, genauso wenig wie ein Nasenpflaster.

Abnehmen und mit dem Rauchen aufhören können zwar mildernd wirken, doch auch hier gibt es keine Garantie gegen ein erneutes Auftreten. Glaubt also niemandem, der euch ein »Wunderheilmittel« andrehen will.

Den Alkoholkonsum einzuschränken ist das Einzige, was wirklich dauerhaft hilft. Zu viel Bier, Schnaps oder Wein verursacht ein hohes Maß an Muskelentspannung, wodurch Schnarchen wahrscheinlicher wird. Deshalb – so trist das zunächst klingt – probiert's mal mit ein paar Abenden ohne Alkohol und achtet darauf, ob das was bringt.

Solange es keine verlässliche Gegenmaßnahme gibt, könnt ihr euch jederzeit bei uns melden, und wir schicken euch ein Paar Ohrstöpsel, die ihr eurem leidenden Partner siegessicher unter die Nase halten könnt.

Wahrscheinlichkeit, dass die Erfüllung dieses Wunsches glücklich macht:
Definitiv hoch – insbesondere für den armen Tropf, der ein Bett mit dem Schnarcher teilen muss.

87

Ich wünschte, ich könnte in **Bewerbungsgesprächen** noch mehr überzeugen

Die Person möchten wir mal kennenlernen, die sich auf ein Bewerbungsgespräch freut.

Der schnelle Puls, das Herzklopfen, der unbeholfene Händedruck – Bewerbungsgespräche sind der reinste Albtraum.

Ständig muss man Angst haben, dass einem nicht etwas entsetzlich Unangebrachtes rausrutscht. So wie dem Bewerber, der auf die Frage, warum er seinen alten Arbeitgeber verlassen hatte, als Antwort gab, dieser habe ihn zu einer Anti-Aggressionstherapie gezwungen.

Jüngste Umfragen haben ergeben, dass 33 Prozent aller Vorgesetzten bereits in den ersten dreißig Sekunden entscheiden, ob sie den Bewerber einstellen wollen. Da stimmt dann auch der alte Spruch vom alles entscheidenden ersten Eindruck. Wie so oft im Leben ist eine gute Vorbereitung alles. Habt eure Fakten im Griff und seid charmant zu allen, die euch begegnen, vom Rezeptionisten bis zum Personal Assistant. Seid originell, strahlt Selbstbewusstsein aus und zieht euch ordentlich an.

Wenn ihr die Wahl habt, legt den Termin auf 10:30 Uhr an einem Dienstag, das ist die optimale Zeit. So umgeht ihr den für alle Angestellten mörderstressigen Montag und auch das Ende der Woche, wenn alle längst am Runterfahren sind. Vermeidet aus denselben Gründen auch den frühest- und spätestmöglichen Termin. Direkt vor dem Mittagessen ist euer Gesprächspartner vielleicht schon zu ausgehungert, um eure Genialität zu erkennen, kurz danach ist er zu träge. Es bleibt also bei Dienstag um 10:30 Uhr.

Meldet euch, falls euch ein Bewerbungsgespräch bevorsteht. Ihr könnt auch jederzeit in unserem Büro in London vorbeischauen und eure Technik verfeinern. Wir geben euch ein paar Tipps, wie ihr euren nächsten potenziellen Arbeitgeber in jedem Fall klarmacht. Zum Beispiel mit der genialen Nachfrage eines Kandidaten am Ende des Bewerbungsgesprächs (bei dem man als Bewerber möglichst intelligente Fragen stellen sollte): »Wenn ich eine Zusage bekomme, wie lange dauert's dann noch bis zum Drogentest?« Geil.

Wahrscheinlichkeit, dass die Erfüllung dieses Wunsches glücklich macht:
Potenziell hoch. Seine Nerven im Griff zu haben ist mehr als die halbe Miete.

88

Ich wünschte, ich könnte endlich meinen Roman zu Ende schreiben

Einer der Gründe für diesen Wunsch – um hier mal kurz etwas zynisch zu werden – liegt in dem subtilen, aber wichtigen Unterschied zwischen einen Roman schreiben oder einfach nur Schriftsteller sein zu wollen. Schriftsteller genießen gesellschaftliche Anerkennung, sie verfügen über Intelligenz, Witz und eine romantische Ader. Viele Menschen sähen sich gerne in so einem Licht, und ein eigener Roman erscheint ihnen als legitimer Weg dorthin.

Es versteht sich von selbst, dass diese Motivation, ob nun bewusst oder unbewusst, fast zwangsläufig zum Scheitern eures Romans führt. So erklärt sich auch, warum eure erste Fassung ungeliebt auf der Festplatte vor sich hin vegetiert.

Aber mal angenommen, ihr schreibt aus den richtigen Gründen und habt auch schon damit angefangen – dann müsst ihr euch ernsthaft fragen, warum ihr wieder damit aufgehört habt. Habt ihr rein künstlerisch die Begeisterung für das Projekt verloren, ist das ein schlechtes Zeichen. Wenn der Autor vom eigenen Buch genervt ist, dann ist es der zukünftige Leser vermutlich auch. Vielleicht seid ihr aber immer noch mit derselben Leidenschaft dabei und leidet einfach unter einer Schreibblockade.

Das ist der Fluch zahlloser Schriftsteller, so auch im Fall von David Nicholls, dessen Roman *Drei auf Reisen* 2014 veröffentlicht wurde. Weil sich der Vorgänger *Zwei an einem Tag* fünf Millionen Mal verkaufte, war Nicholls beim Verfassen des Nachfolgers so dermaßen blockiert, dass er eine Software namens *Schreib oder stirb* benutzte, die anfängt, den Text zu löschen, wenn man nicht innerhalb eines bestimmten Zeitraums weiterschreibt. Brutal.

Es ist keine besonders originelle Einsicht, aber wie bei den meisten Vorhaben wirkt die Fertigstellung eines Buchs nur dann besonders bedrohlich, wenn man den Gesamtumfang betrachtet. Deshalb sollte man das Ganze auf machbare Zwischenziele herunterbrechen. Es ist wesentlich einfacher, sich vorzunehmen, ein Jahr lang 250 Wörter pro Tag zu schreiben, als zu tönen: »Ich werde einen Roman mit 100.000 Wörtern schreiben.« Ein Wort nach dem anderen, nur so geht's voran.

Uns ist klar, dass selbst dieses Minimalziel nicht so leicht aufrechtzuerhalten ist. Deshalb schreibt uns doch einfach, wenn ihr es mit eurem Roman ernst meint, und wir schicken euch ein paar Post-its, die Grundlage eines jeden Plots.

Wahrscheinlichkeit, dass die Erfüllung dieses Wunsches glücklich macht:
Hoch. Es befriedigt ungemein, ein kreatives Projekt zu Ende zu bringen.

89

Ich wünschte, ich würde nicht so vieles bereuen

Es heißt, das Leben sei zu kurz für Reue.

Irgendwie sind wir darauf geeicht, nicht zurückzublicken und uns nicht mit der Vergangenheit zu beschäftigen, sondern immer in Bewegung zu bleiben und nichts zu bereuen.

Carpe diem, Baby. Oder wie die Kids heutzutage sagen: YOLO!

Aber mal philosophisch betrachtet: Wie realistisch und vor allem wünschenswert ist denn ein Leben ohne Reue? Ist es wirklich etwas Negatives, sich mit Bedauern, einem schlechten Gewissen oder leichter Schamesröte an ein bestimmtes Ereignis zu erinnern? Ist das nicht der Beweis dafür, dass wir Anteil nehmen, dass wir versuchen, nicht dieselben Fehler zweimal zu begehen? Das wäre doch gar nicht so schlecht.

Natürlich bringt es wenig, sich endlos an einer schiefgelaufenen Sache abzuarbeiten. Aber ungeniert und ohne Reue durchs Leben zu brettern in der Überzeugung, dass all unsere Entscheidungen richtig waren, nur weil sie sich in dem Moment richtig angefühlt haben – das kann's ja wohl auch nicht sein.

Statt überhaupt keine Reuegefühle zu empfinden oder auch nur so zu tun, wäre es doch vielleicht besser, sich ihnen zu stellen und sich zu fragen, was man hätte anders machen können. Oder was man daraus lernen kann. Sorry, wenn das nach Hilfe zur Selbsthilfe klingt.

Man muss ja nicht gleich an seinem schlechten Gewissen zugrunde gehen, aber es kann zumindest hilfreich sein, sich mit ihm zu befassen. Erstellt doch zum Beispiel eine Liste mit all den Dingen, die ihr bereut. So gesteht man sich einerseits seine Fehler in vollem Maße ein und setzt sich mit den Konsequenzen auseinander, andererseits kann man sie sich so verzeihen und loslassen. Schreibt uns, und wir schicken euch ein Notizbuch zu genau diesem Zweck.

Dieser »Nichts bereuen«-Slogan gehört zu der üblen Sorte von Kühlschrankmagnet-Philosophie, die das Leben in einem kurzen flapsigen Satz zusammenfassen will. Hier sind die fünf schlimmsten Sprüche:

1. »Life is what happens to you while you're busy making other plans.« Auf Deutsch: Während du noch ganz andere Pläne schmiedest, werden sie dir vom Leben schon längst durchkreuzt.
2. »Alles passiert aus einem bestimmten Grund.«
3. »Lebe, lache, liebe.«
4. »Wenn das Leben dir Zitronen schenkt, mach Zitronenlimonade daraus.«
5. Und der blödeste von allen: »Warte nicht, bis der Sturm vorüber ist, geh raus und tanz im Regen.« Sieht man öfter auf Pinterest. Schrecklich.

Wahrscheinlichkeit, dass die Erfüllung dieses Wunsches glücklich macht:
Mit seinen Fehlern zu leben oder sogar aus ihnen zu lernen kann nur etwas Gutes sein.

90

Ich wünschte, meine Kinder würden **auch nur die Hälfte** von dem tun, was ich ihnen sage

Kinder verfügen über keinerlei periphere Wahrnehmung. Wenn sie spielen, eine Fernsehsendung schauen oder auf dem iPad in irgendein alternatives Universum abgetaucht sind, können sie euch vermutlich noch nicht einmal hören. Ganz ruhig bleiben.

Der Trick ist, keine halbherzigen Kommandos nach oben ins Kinderzimmer zu brüllen und sofort die perfekte Antwort zu erwarten. Ihr müsst euch im wahrsten Sinne auf ihre Ebene begeben, ihnen in die Augen schauen, euch deutlich artikulieren und sie ruhig und bestimmt mit Namen ansprechen. »Serafina«, sagt ihr. »Bitte leg jetzt das Messer weg, oder du bekommst die nächsten fünf Minuten iPad-Verbot.«

Die Kommunikationsregeln zwischen Kindern und Erwachsenen unterscheiden sich nicht von denen, die zwischen Erwachsenen herrschen. Fallt eurem Gegenüber nicht ins Wort. Achtet auf Lautstärke, Tonfall und Körpersprache. Konzentriert euch darauf, wie ihr über die Situation denkt, bevor ihr ein definitives Urteil fällt.

Erspart ihnen eine Gardinenpredigt. Bevor ihr von euren Kindern erwarten könnt, dass sie euch zuhören, müsst ihr zuhören können. Kinder erzählen oft Banales und außerdem immer dasselbe. Kein Wunder, dass Erwachsene da abschalten. Wenn sich euer Kind allerdings ignoriert oder abgeschoben fühlt, steigt die Wahrscheinlichkeit, dass es schreit, weint oder sich sonst irgendwie Aufmerksamkeit verschafft. Also widmet ihm euer vollstes Interesse und zeigt Nachsicht mit seinem sinnfreien Gebrabbel über *Pokémon Go*.

Wenn ihr jeden Tag wegen derselben Dinge aus der Haut fahrt (schon wieder ein nasses Handtuch auf dem Boden, ein gefoltertes Geschwisterkind, geringfügige Brandstiftung), dann versucht, das Positive darin zu sehen, so schwer es auch fallen mag. Gebt euer Bestes, jede Art von Fortschritt oder Entgegenkommen mit menschlicher Wärme und Begeisterung zu honorieren.

Vergebt Sterne, um euer Kind zu täglichen Aufgaben wie Aufräumen, Zähneputzen oder Hausaufgaben anzuspornen. Schreibt uns, und wir schicken euch ein Formblatt dafür. Oder ist euch das zu unsexy?

Wahrscheinlichkeit, dass die Erfüllung dieses Wunsches glücklich macht:
Sehr hoch. Ein stressfreies Zuhause, sofern überhaupt möglich, macht Eltern und Kinder gleichermaßen glücklich.

91

Ich wünschte, ich würde **mich in Beziehungen** nicht so scheiße benehmen

Wir wissen, warum ihr euch in Beziehungen so scheiße benehmt. Das heißt, wir vermuten es zumindest. Ihr habt ganz einfach panische Angst davor, »aufzufliegen«. Davor, dass man euch anmerkt, wie viel Angst ihr habt, abgewiesen zu werden und hilflos zu wirken. Dem wollt ihr zuvorkommen, und deshalb wollt ihr zuerst irgendeine Art von Mist bauen. Entweder indem ihr euch distanziert und gefühlskalt gebt oder einen Streit von biblischem Ausmaß vom Zaun brecht, bis es kein Zurück mehr gibt. Zum Beispiel fremdgehen, wenn's gerade wirklich gut läuft.

Dann schiebt ihr die nächste gescheiterte Beziehung auf eure Bindungsängste und erzählt euren Freunden, dass die nette Begleitung, die sie neulich noch mit euch in der Kneipe getroffen haben, zu anhänglich geworden ist und ihr eure Freiheit braucht.

Doch da steckt was ganz anderes dahinter. Und das solltet ihr nicht verdrängen, sonst werden auch weiterhin alle Beziehungen im Sand verlaufen, egal wen ihr kennenlernt. Selbst wenn ihr nach einem wüsten Besäufnis zufällig neben Channing Tatum aufwacht.

Der wahre Grund ist die Angst vorm Verlassenwerden – und der begegnet ihr am besten, indem ihr dazu steht. Bis zu einem gewissen Grad ist es vollkommen normal, so zu empfinden. Es ist eine Urangst, die in uns allen steckt. Steht dazu und hasst euch nicht dafür.

Es kann helfen, darüber zu reden. Erklärt eurem Schwarm, dass ihr diese Angst zusammen überwinden wollt. Das ist besser, als euer Problem zu dem eures Partners zu machen. In so einer Situation profitiert der Betroffene am meisten von eurer Ehrlichkeit und eurer Bereitschaft, Verantwortung zu übernehmen.

Wenn man ehrlich und selbstkritisch ist, lässt sich auch leichter feststellen, woher diese Ängste stammen und ob sie überhaupt berechtigt sind. Eine Menge Beziehungen scheitern wegen Dingen, die sich nur in den Köpfen der Betroffenen abspielen. Eifersucht ist das häufigste Beispiel. Seid nicht einer von denen.

Schreibt uns, und wir schicken euch etwas, das hilft.

Wahrscheinlichkeit, dass die Erfüllung dieses Wunsches glücklich macht:
Ziemlich hoch. Kann aber auch sein, dass ihr mit den Tipps nichts anfangen könnt, weil ihr einfach noch nicht den Richtigen/die Richtige getroffen habt. In dem Fall entschuldigen wir uns schon mal, wenn wir eben wie die Ratgeberseiten aus einem dieser Magazine geklungen haben, die ihr beim Zahnarzt durchblättert, während ihr auf eure Wurzelbehandlung wartet.

92

Ich wünschte, die Begriffe **fett und** dürr würden abgeschafft

Das wird leider nicht so schnell passieren. Es ist unrealistisch und sogar naiv zu glauben, dass wir irgendwann in einer schönen neuen Welt ohne herabwürdigende Adjektive leben werden.

Viel deprimierender ist die Tatsache, dass nicht nur irgendwelche kontrollsüchtigen Freunde oder eifersüchtigen Konkurrentinnen diese Begriffe benutzen, sondern Frauen, die über ihren eigenen Körper reden. Eine bedenklich hohe Anzahl von Frauen gibt zu, dass sie täglich zwischen 35 und 100 hasserfüllte Gedanken an ihre eigene Figur verschwenden.

Laut jüngst veröffentlichten Umfragen sind fast zehn Millionen Frauen in Großbritannien aufgrund ihres Äußeren niedergeschlagen. Schon mit fünf machen sich Mädchen Gedanken um Größe und Aussehen, bereits ein Viertel von ihnen hat im Alter von sieben Jahren mindestens einmal versucht abzunehmen. Jeden Monat googeln tausende Menschen »Bin ich hässlich?«, und die Hälfte aller britischen Mädchen gibt an, ungern ungeschminkt aus dem Haus zu gehen.

In Brasilien unterziehen sich jedes Jahr 90.000 weibliche Teenager diversen Schönheitsoperationen, während 85 Prozent aller Mädchen in Hongkong gerne weniger wiegen würden, obwohl nur fünf Prozent im medizinischen Sinn als übergewichtig gelten.

Die Glorifizierung von Size-Zero-Models, der Photoshop-Wahn und entsprechende Schlankheits-Memes sind symptomatisch für ein Problem, das in der Social-Media-Bewegung verwurzelt ist: die Möglichkeit, jederzeit das Aussehen anderer zu kommentieren. Das Selbstwertgefühl eines Teenagers hängt zusehends von Likes und Kommentaren ab, die leider immer mehr zum Extremen tendieren.

Ein positives Körpergefühl entsteht nicht dadurch, dass man einem Schönheitsideal hinterherrennt, sondern dadurch, dass man den eigenen Körper so akzeptiert, wie er ist. Aber das wisst ihr ja längst, ihr müsst es nur verinnerlichen. Es kann helfen, sich das auch visuell immer wieder ins Gedächtnis zu rufen. Also schreibt uns, und wir schicken euch einen Aufkleber für euren Spiegel mit dem Satz »Achtung: Dies ist nur ein Zerrspiegel gängiger Schönheitsklischees«.

Wahrscheinlichkeit, dass die Erfüllung dieses Wunsches glücklich macht:
Ziemlich hoch. Mangelndes Selbstbewusstsein kann nicht nur die Schulbildung negativ beeinflussen, sondern macht auch anfälliger für Drogen- und Alkoholmissbrauch und kann zu Vereinsamung oder Selbstverletzung führen.

93

Ich wünschte, ich wäre berühmt

Echt jetzt? Aber wäre das nicht schrecklich? Wer die Vorteile des Ruhms aufzählen will, kommt meistens nicht viel weiter als bis zur Tischreservierung im Nobelrestaurant. Schauen wir uns doch lieber die offensichtlichen Nachteile an.

Es gibt etliche Beispiele, die John Updikes Spruch »Berühmtheit ist eine Maske, die sich in dein Gesicht frisst« unterstreichen. Wenn etwas eure Identität und euer Selbstwertgefühl übersteuern kann, dann ist es Prominenz. Von den Stars, die jeden Blickkontakt meiden, bis hin zu denen, die ihren Privatjet einmal um die halbe Welt schicken, weil sie irgendwo ein Paar Schuhe vergessen haben – wer im Licht des Ruhms wandelt, entwickelt meistens ein leicht diffuses Wertesystem, um es mal milde auszudrücken.

Hin und wieder scheint der Ruhm sogar die reinste Freude daran zu haben, seine Zöglinge in den kompletten Wahnsinn zu stürzen. Kanye West, Shia LaBeouf, Tom Cruise, Britney Spears, Mel Gibson und Lindsay Lohan seien genannt. Eigentlich jeder Promi, wenn man genauer darüber nachdenkt. Im Idealfall kommt man mit einer leichten Depression davon. Sogar Justin Bieber – und der gilt ja nun wirklich nicht als der selbstkritischste Typ auf der Welt – gibt seinem Bekanntheitsgrad die Schuld an seiner Misere aus Isolation und falschen Freunden.

Prominenz kostet Freiheit und Privatsphäre. Es scheint schier unmöglich, jemandem zu vertrauen, und häufig werden Freunde und Angehörige in Mitleidenschaft gezogen. Berühmtheit ist zudem völlig wahllos. Klingt abgedroschen, aber sie macht keinen Unterschied zwischen Talent und Taugenichts. Ihr ist es egal, wem sie zufällt. Sie weiß ja, dass sie die betreffende Person in wenigen Monaten an den geistigen Abgrund getrieben haben wird und sich dann in aller Ruhe zum nächsten Opfer verflüchtigen kann.

Letztlich ist der Ruhm nur dann zufrieden, wenn er seine Besitzer auch weiterhin genüsslich fertigmachen kann. Er kennt keine Schuldgefühle, und selbst das echte Genie ist vor seinem ruinösen Einfluss nicht sicher.

So gesehen ist Berühmtheit eine schlimme Krankheit, die man sich um jeden Preis vom Hals halten sollte. Dennoch jagen wir ihr unablässig hinterher. Wir würden alles tun, um sie zu erlangen, und noch mehr, damit sie bei uns bleibt.

Schreibt uns, und wir schicken euch Lily Allens »The Fear« via iTunes. Ein scharfsinniger und bissiger Song über die wahre Natur des Ruhms.

Wahrscheinlichkeit, dass die Erfüllung dieses Wunsches glücklich macht:
Gering. Die Nachteile liegen auf der Hand. Zum Beispiel werdet ihr zum Arsch. Irgendwer hat mal gesagt: »In der Zukunft sind wir alle berühmt, und dann zahlen die Reichen dafür, unerkannt zu bleiben.«

94

Ich wünschte, ich würde
mein Mojo wiederfinden

Mojo bedeutet Ausstrahlung und Anziehungskraft. Mojo ist lebenswichtig. Mojo spendet Energie, Optimismus, Selbstvertrauen und Kreativität. Mojo ist ansteckend, mitreißend und hilft euch, eure Ziele zu erreichen.

Und doch verschwindet es manchmal einfach. Oder klinkt sich zumindest für ein, zwei Wochen aus und lässt uns hängen – ohne Saft und Selbstwertgefühl. Passiert den Besten von uns – jeder gerät mal an einen Punkt, an dem die Richtung und die nötige Energie fehlen, um wieder in die Spur zu kommen.

Der Verlust von Mojo ist allerdings nicht mit einer richtigen Depression zu vergleichen. Denn er ist nur vorübergehend, und im Gegensatz zum längerfristigen Stimmungstief bringt er auch kein soziales Stigma mit sich. Er wird meist von einem bestimmten Ereignis ausgelöst, wie dem Ende einer Beziehung oder dem Verlust des Jobs.

Er kann genauso schnell wieder überwunden werden, wie er gekommen ist, doch dafür müsst ihr euch aufs Wesentliche konzentrieren. Der Schlüssel zum Wiedererlangen von Mojo ist, euch auf keinen Fall selbst zu bemitleiden, sondern eure Kraft aus der Bewältigung von Hindernissen zu ziehen. Oder wie Molière einst sagte: »Je höher die Hürden, desto glorreicher ihre Überwindung.« Selbstmitleid und Mojo vertragen sich nicht, also hört auf zu heulen, ihr Loser. Nee, wirklich jetzt, das ist nicht sexy.

Um zu eurem gut gelaunten Selbst zurückzufinden, wischt ihr am besten sofort jeden Gedanken daran beiseite, wie gemein die Welt zu euch ist, wie anders ihr euch das Leben vorgestellt habt, wie alles gekommen wäre, wenn man euch befördert hätte, wenn ihr den Richtigen gefunden oder als Kind mehr Zuneigung bekommen hättet. Konzentriert euch auf das Hier und Jetzt, erst dann geht's weiter. Verheimlicht auch nicht, was euch das Mojo geraubt hat, setzt ein Lächeln auf und putzt euch ruhig mal selbst runter. Sagt: »Meine Freundin hat mich verlassen, weil ich so eine Niete im Bett bin.« Ihr werdet die Lacher auf eurer Seite haben, und schon geht's euch besser.

Wenn ihr ein bisschen Ermutigung braucht, um eure Lebensfreude wiederzuerlangen, dann gilt wie immer: Schreibt uns eine Mail.

Wahrscheinlichkeit, dass die Erfüllung dieses Wunsches glücklich macht:
Seien wir ehrlich – niemand mag Selbstmitleid. Also rafft euch auf und lasst es endlich wieder krachen.

95

Ich wünschte, ich könnte **bei Crowdwish arbeiten**

Na klar, schaut vorbei oder bewerbt euch zumindest, solange es euch nichts ausmacht, nach London zu kommen.

Eure Aufgaben beinhalten die Pflege diverser Social-Media-Accounts, das kreative Erfüllen von Wünschen, Pakete schnüren, Tacos holen und solches Zeugs halt.

Für den unwahrscheinlichen Fall, dass euch das nicht attraktiv genug erscheint, würden wir euch gerne drei Tipps für euer weiteres Berufsleben mit auf den Weg geben, die uns immer weitergeholfen haben.

Erstens: Sucht euch einen Mentor. Das hilft enorm, und neunzig Prozent der Leute fühlen sich geschmeichelt, wenn ihr sie fragt, ob sie diese Rolle übernehmen wollen.

Zweitens: Jeder Mensch wird für bestimmte Fachgebiete geschätzt. Beweist euch in diesen Bereichen, seid brillant und erarbeitet euch einen hervorragenden Ruf.

Drittens: Eure Karriere wird nicht geradlinig verlaufen, aber das muss sie auch nicht. Bleibt entspannt.

Erfolg im Beruf ist alles andere als einfach. Aber oft ist es am besten, einfach mit etwas anzufangen, das sich wie der richtige Weg anfühlt.

Schreibt uns, wenn ihr Tipps und Ratschläge zu folgenden Berufsfeldern braucht:

- Fernsehen
- Marketing, Werbung, PR
- Gastronomie und Catering
- Rundfunk und Radio
- Finanzen
- Journalismus und Schreiben
- Soziale Medien
- Unternehmertum
- Musikproduktion/Tontechnik/DJ

Wir melden uns so schnell wie möglich und versuchen zu helfen.

PS: Wollt ihr wissen, wie man im Leben am besten vorankommt? Dann nehmt euch die Worte des legendären Industriemagnaten Andrew Carnegie zu Herzen:

»Menschen, die sich selbst nicht motivieren können, müssen sich mit Mittelmäßigkeit zufriedengeben, egal wie talentiert sie ansonsten sind.«

Mehr muss man eigentlich nicht wissen, alles andere ist Beiwerk. Danke, Andrew.

Wahrscheinlichkeit, dass die Erfüllung dieses Wunsches glücklich macht:
Natürlich ziemlich hoch. Wir verbringen 80.000 Stunden unseres Lebens mit Arbeit, und dennoch sind laut Umfragen des renommierten Wirtschaftsprüfungsunternehmens Deloitte achtzig Prozent aller Menschen unzufrieden mit ihrem Job.

96

Ich wünschte, mein Ex und ich würden Freunde bleiben

Die Frage, ob man nach einer Trennung befreundet bleibt oder nicht, ist so alt wie die Menschheitsgeschichte. Und die Meinungen darüber gehen stark auseinander.

Ihr mögt vielleicht kein Pärchen mehr sein, aber ihr wisst beide, dass es da draußen einen Menschen gibt, der euch in- und auswendig kennt, dem ihr viel bedeutet und mit dem ihr wahnsinnig viel zusammen erlebt habt. Jemanden, der euren Freunden und eurer Familie verbunden ist, der eure Sorgen und eure Hoffnungen kennt, mit dem ihr praktisch euer gesamtes Leben geteilt habt.

Obwohl eure Beziehung beendet ist, wäre es doch komisch, nie wieder ein Wort miteinander zu reden. Außer natürlich, die Beziehung endete mit einem heftigen Vertrauensbruch oder auf eine Art, von der man sich emotional nicht so schnell erholt.

Mit der oder dem Ex befreundet zu sein fällt leichter, wenn keiner von beiden in einer neuen Beziehung ist. Ist das nicht der Fall, verkompliziert sich das Ganze enorm. Nicht zuletzt, weil die Verbindung zu einem bedeutenden Menschen aus eurer Vergangenheit von eurem neuen Partner als Bedrohung angesehen werden kann.

Noch tückischer wird es, wenn die eine Partei immer noch romantische Gefühle für die andere hegt oder sogar auf eine Versöhnung hofft. Doch selbst ohne eine solche Dynamik können Ex-Freunde/innen unglaublich besitzergreifend sein. Für den neuen Partner ist das alles andere als einfach.

Natürlich darf man hinterfragen, was überhaupt so wichtig daran sein soll, befreundet zu bleiben, und ob das nicht nur ein Zeichen dafür ist, dass in der neuen Beziehung etwas fehlt. Doch selbst wenn das nicht zutrifft, ist eine Freundschaft mit dem oder der Ex eine Sache, die in der Theorie ganz gut klingt, sich in der Praxis aber eher schwierig gestaltet. So ähnlich, wie am Neujahrstag Schlittschuhlaufen zu gehen.

So oder so … wenn ihr wegen dem Ex-Partner ein bisschen aus dem emotionalen Gleichgewicht geraten seid, ihn auf Instagram stalkt und er für euren Geschmack einfach ein bisschen zu glücklich aussieht, dann berichtet uns davon in einer Mail, und wir schicken euch einen ganz persönlichen Ratschlag.

Wahrscheinlichkeit, dass die Erfüllung dieses Wunsches glücklich macht:
Hmm … kompliziert. Am besten befolgt ihr den weisen Rat einer gewissen Elsa von Arendelle*: »Du darfst nichts fühlen, zeig ihnen nicht dein wahres Ich! Ich lass los, lass jetzt los.«

---

* Könnt ihr ja googeln.

97

Ich wünschte, ich könnte das perfekte New-York-Wochenende erleben

Nehmen wir einfach mal an, ihr habt die offensichtlichen Sehenswürdigkeiten wie Rockefeller Center, Freiheitsstatue, MoMA etc. schon abgehakt und seid bereit für persönliche Empfehlungen von echten Einheimischen.

Falls ihr da ein Zimmer bekommt, übernachtet im Nomad Hotel, im Smyth in Tribeca oder im Aloft in Harlem. Oder im Ludlow House. Oder im Crosby Street Hotel. Oder im Ace.

Für den Freitagabend reserviert ihr euch am besten einen Tisch im BlackTail, einer neuen Cocktail-Bar unten am Battery Park. Da kann man auch was essen, das Rabbit Cuban Sandwich soll der Hammer sein.

Am nächsten Morgen schlendert ihr die High Line entlang und geht zum Brunch ins Bubby's. Hier empfehlen wir das Jalapeno Scramble Biscuit Sandwich.

Danach besucht ihr die unglaubliche Armory Show auf der Park Avenue, eine der führenden Messen für moderne und zeitgenössische Kunst. Gibt's kein zweites Mal auf der Welt.

Für den kleinen Hunger holt ihr euch Cookies von der Levain Bakery in der 167 West 74th Street. Es gibt in der ganzen Stadt keine besseren.

Dann nehmt ihr die Fähre nach Coney Island und besucht dort das skurrile Museum oder fahrt mit der Tramway nach Roosevelt Island und besichtigt die alte, verlassene Pockenklinik.

Vielleicht schafft ihr es abends auf eine der Moth-Lesungen, falls gerade eine stattfindet. Danach teilt ihr euch ein Grillhähnchen bei Kingside oder einen Cheeseburger in der Minetta Tavern oder bei Pop Burger.

Am nächsten Tag gibt's im 15 East am Union Square leckeres Sushi. Zu gesund für euch? Dann holt euch bei Cannibal ein Spanferkel oder überquert die Brooklyn Bridge und esst im fantastischen Frankies Spuntino zu Mittag.

Anschließend lauft ihr durch die Hipster-Viertel Bed-Stuy und Bushwick mit ihren großartigen Galerien und Pop-up-Stores. Oder ihr kauft auf dem Fort-Green-Flohmarkt an der Bishop Loughlin Memorial High School (immer samstags von April bis November) ein. Bei Sonnenuntergang nehmt ihr einen Drink im Westlight auf der Dachterrasse des William Vale Hotel und probiert euer Glück mit einer Reservierung im Olmsted.

Verpasst auf keinen Fall die faszinierenden irischen und jüdischen Gedenkstätten im Battery Park und schaut euch die Installationen *New York Earth Room* und *Broken Kilometre* in Soho an, bevor ihr euch im Asssscat 3000 (kein Tippfehler) die besten Impro-Comedians der Stadt gönnt.

Wenn ihr einen Trip nach New York plant, sagt uns Bescheid. Wir erstellen euch einen persönlichen Plan, der genau auf eure Bedürfnisse abgestimmt ist.

Wahrscheinlichkeit, dass die Erfüllung dieses Wunsches glücklich macht:
Hoch. Es gibt keinen schöneren Ort für ein Wochenende zu zweit.

98

Ich wünschte, ich könnte meinen Seelenfrieden finden

Die alten Stoiker (Typen wie Seneca, Epiktet und Marc Aurel) waren der Meinung: »Nicht die Ereignisse selbst beunruhigen den Menschen, sondern seine Meinung darüber.«

Mit anderen Worten werden unsere Emotionen von unserer Weltsicht bestimmt, die jedoch oftmals nicht ganz akkurat, irrational oder schlicht selbstzerstörerisch ist. Dennoch haben wir diese Sichtweise mit der Zeit völlig verinnerlicht.

Die Stoiker teilen das Leben in zwei Kategorien ein: Dinge, die wir kontrollieren können, und Dinge, die außerhalb unserer Kontrolle liegen. Wir können weder über andere Menschen noch über das Wetter, die Wirtschaft oder die Meinung anderer über uns bestimmen. Diese Elemente können wir möglicherweise beeinflussen, aber eben nicht kontrollieren. Kontrolle haben wir nur über uns selbst: über unsere Gewohnheiten, unsere Handlungen und unsere Gedanken. Und das auch nur dann, wenn wir diese Kontrolle auch ausüben wollen.

Epiktet behauptet, dass emotionale Probleme entstehen, sobald wir versuchen, Vorgänge außerhalb unseres Einflussbereichs gänzlich unter Kontrolle zu bringen.

Fühlen wir uns unglücklich oder fehlerhaft, liegt es häufig daran, dass wir unser Selbstwertgefühl von der Meinung anderer abhängig gemacht haben. Dadurch kommen wir uns machtlos vor. Wir verkrampfen, sind ängstlich und deprimiert.

Ironischerweise werden wir erst dann ruhiger und gelassener, wenn uns die Meinung der anderen egal ist und wir uns ausschließlich auf uns konzentrieren. Damit ändert sich auch das Bild, das andere von uns haben.

Die Stoiker waren große Verfechter der Theorie, die Dinge stets beim Namen zu nennen, ob problematisch oder nicht.

Nur weil euer Verstand euch etwas von Nachteilen und Katastrophen erzählt, müsst ihr noch lange nicht auf ihn hören. Wir entscheiden immer selbst, was wir glauben wollen.

Fazit: Letztlich könnt ihr euch nur auf euch selbst verlassen. Also geht eure Probleme energisch, kreativ und ohne Unterlass an. Es sind ja schließlich eure Probleme.

Wenn ihr eine ordentliche Portion Stoizismus in eurem Leben vertragen könnt, dann mailt uns. Wir schicken euch die Kerngedanken dieser Philosophie. Die könnt ihr dann irgendwo gut sichtbar aufhängen. Keine Sorge, sie sind nicht auf Altgriechisch.

Wahrscheinlichkeit, dass die Erfüllung dieses Wunsches glücklich macht:
Hoch. Außerhalb von Bhutan werdet ihr zwar nur schwer jemanden finden, der seinen Seelenfrieden gefunden hat, aber es ist definitiv ein ehrbares Ansinnen und alle Mühen wert.

99

Ich wünsche mir eine Überraschung

Schon klar.

Jeder liebt Überraschungen (wobei das gar nicht stimmt, laut einer Umfrage hassen sechzig Prozent aller Frauen Überraschungen).

Egal … mailt uns, und wir überraschen euch.

Wahrscheinlichkeit, dass die Erfüllung dieses Wunsches glücklich macht:
Hoffentlich hoch. Seht ihr ja dann.

Die Geschichte von Crowdwish

Weil die Leute mich öfter fragen, was Crowdwish eigentlich genau macht, folgt hier ein kurzer Rundumschlag. Die Details vieler Aktionen müssen natürlich vertraulich bleiben, weil sie meistens ziemlich persönlicher Natur sind.

Soweit ich mich erinnern kann, lautete der erste Wunsch, der es ganz nach oben schaffte: »Ich wünschte, ich könnte vernünftige Fotos machen«. Ich sah also zu, dass die betroffene Person, eine junge Kunststudentin, sich mit einem professionellen Fotografen auf einen Kaffee treffen konnte. Das lief wohl ganz gut. Zumindest habe ich danach eine nette E-Mail von ihr bekommen.

Der nächste Wunsch, an den ich mich erinnere, hatte zum Ziel, dass Amazon Körperschaftssteuer zahlen sollte. Also schrieb ich einen sarkastischen Brief an den Boss Jeff Bezos, in dem ich ihn bat, Amazon auf der Stelle dichtzumachen. Seltsamerweise habe ich nie was von ihm gehört. Wahrscheinlich grübelt er immer noch darüber nach.

Dann wünschten sich viele, besser vor Publikum reden zu können, und ich organisierte einen Lehrgang mit dem Mann, der die Werbekampagne für die Olympischen Spiele 2012 in London geleitet hatte. Dieser Pitch gilt als einer der am härtesten umkämpften überhaupt. Es lief großartig.

Danach wünschte sich ein schottischer Metzger namens Wayne, er würde mehr über seine Familiengeschichte wissen. Also arrangierte ich ein Treffen mit dem ehemaligen Produzenten der Ahnenforscher-TV-Show *Who Do You Think You Are?*, der ganz nebenbei der Taufpate meiner Tochter und ein ziemlich hilfsbereiter Typ ist. Er ließ sein Team einen detaillierten Stammbaum der Familie über mehrere Generationen erstellen.

Viele Leute wünschten sich, sie könnten besser kochen. Deshalb ließ ich zwei von ihnen einen Tag in der Küche des

Racine verbringen, eines mehrfach ausgezeichneten Restaurants, geführt vom grandiosen Chefkoch Henry Harris. Es schien ihnen da zu gefallen.

Als Nächstes kam der Wunsch nach Gleichberechtigung am Arbeitsplatz dran, speziell der nach gleicher Bezahlung für Frauen. Also schrieb ich an die Vorstände der hundert größten britischen Firmen und schlug ihnen höflich vor, doch mal einen Blick auf ihre Lohnstrukturen zu werfen, um zu überprüfen, ob es in ihren Unternehmen gerecht zugeht.

Andere wünschten sich die beste Torte der Welt. Also testeten wir eine Auswahl der leckersten Torten der Menschheitsgeschichte und ließen ein paar davon persönlich an unsere User ausliefern, von Indiana über New York bis London. Coole Aktion.

Irgendwann erreichte mich der Wunsch, sich »mal richtig entspannen zu können«, weshalb ich die Macher der Headspace-App kontaktierte, die mir jede Menge kostenlose Downloads zur Verfügung stellten.

Einer der Wünsche beinhaltete die Finanzierung einer Knochenmark-Transplantation für ein kleines Mädchen. Also entwarf ich Plakate, druckte sie aus und schickte sie an die 200 größten Schulen des Landes, um so einen Spender zu finden.

Der nächste Wunsch lautete, »einen Tee mit Sir David Attenborough zu trinken«, dem aus dem Fernsehen bekannten und beliebten Naturforscher. Hey, warum nicht? Wer würde das nicht gerne? Niemand, fürchte ich. Egal, ich fand ziemlich schnell die Adresse heraus und fuhr zum Haus von Sir David. Sieht echt ganz nett aus, so gar nicht nach Oligarch, und steht in einem wohlhabenden, aber nicht protzigen Viertel im Südwesten von London. Im Vorgarten graste eine Herde Elefantenbabys. Nicht wirklich. Leider war der große Mann nicht daheim, dafür seine bezaubernde Tochter Susan, mit der ich mich eine Weile unterhielt. Sie erzählte mir, dass ihr Vater auf einem anderen Kontinent weilt, und gab mir ein paar signierte Fanartikel mit. Das ist eine typische Crowdwish-Geschichte. Dazu muss man Folgendes wissen: Wir garantieren niemals, dass ein Wunsch auch in Erfüllung geht, doch wir widmen jedem von ihnen 24 Stunden unserer Zeit, in denen wir aktiv werden. Manchmal erreichen wir leider nicht das, was wir wollen, aber da bleiben wir ganz entspannt.

Dann wünschten sich die Leute, sie würden beim Tanzen nicht so dämlich aussehen. Also besorgte ich ein paar Gästelistenplätze für diese Veranstaltung namens Morning Gloryville, eine Art Pre-Work-Party, wo alle schon um sieben Uhr morgens ausrasten.

Danach ging's darum, einen Kumpel aufzuheitern, also schickten wir jedem, der wollte, eine kleine Überraschung. Dann wünschte sich jemand einen Maulkorberlass für die nervige TV-Kolumnistin Katie Hopkins. Ich fand heraus, wo sie sich an jenem Abend aufhielt, und gab mich vor Ort als Autogrammjäger aus. Ich ließ sie am unteren Ende eines gefalteten Zettels unterschreiben, auf dem eine für sie unsichtbare ironische Einwilligung in ein Redeverbot stand. Auf Twitter kam das ziemlich gut an. Damals, als Twitter noch hip war.

Gelegentlich wünschten sich die Leute so was wie »Ich wünschte, die Menschen würden heute mindestens einem Obdachlosen mit einer Decke oder einem Getränk aushelfen«. Also machte ich mich auf den Weg und verteilte Essen, Schlafsäcke und kleine Carepakete, von denen ich als verwöhnter Mittelschichtler dachte, sie seien hilfreich, wenn man auf der Straße lebt.

Einmal war da diese Mutter aus New York, die sich auf der Flucht vor einem eifersüchtigen, fiesen und vermutlich irren Exmann befand. Auf der Website wünschte sie sich einfach nur ein bisschen Unterstützung, also half ich ihr beim Einrichten einer Übergangswohnung, da sie und ihre Kinder auf dem Boden schliefen und das ganze Haus mit Kakerlaken verseucht war. Crowdwish-Follower spendierten Kissen, Decken und Bettbezüge. Auch das ist typisch für unsere Dynamik: Die Leute wollen anderen helfen, selbst wenn sie sich untereinander nicht kennen und nie kennenlernen werden. Ich will jetzt nicht zu dick auftragen, aber das kann wirklich sehr erbaulich sein.

Einige Menschen wünschten sich eine nette Überraschung für die Mitarbeiter des National Health Service, also besorgte ich ein paar Blumen, Donuts und Kuchen und verteilte sie in den Krankenhäusern Londons. Das tat ich danach noch ein halbes Dutzend Mal.

Viele Wünsche beschäftigten sich mit dem Thema Selbstbewusstsein und damit, sich wohl in der eigenen Haut zu fühlen. Deshalb verschickte ich viele Hunderte Päckchen mit Make-up, Klamotten sowie kleinen silbernen Schmuck-Anhängern mit positiven Slogans und vereinbarte Beratungstermine bei einem Stylisten.

Als sich jemand wünschte, ein Buch zu schreiben, bemühte ich mich um ein Treffen mit einem etablierten Schriftsteller, der ihm erklärte, was es dazu braucht. Ein anderer hatte schon mit dem Buch angefangen, litt aber unter einer Schreibblockade, also schickte ich ihm ein Exemplar von Stephen Kings *Das Leben und das Schreiben*, ein paar Stifte und starken Kaffee.

Einmal wünschte sich ein Typ namens Craig, er wäre Batman. Ich musste ihm leider erklären, dass das nicht geht, denn Batman ist nur eine erfundene Figur von Bob Kane und Bill Finger. Nach einer ersten Phase herber Enttäuschung fand sich Craig dann letztendlich mit dieser schlechten Nachricht ab. Ich rief meine liebenswerte ehemalige Chefin an, die mittlerweile ein hohes Tier bei Warner Brothers ist, und sie besorgte Craig ein superseltenes Comicheft. Zusätzlich konnte ich noch ein von Tom Hardy signiertes Drehbuch von *The Dark Knight Rises* auftreiben.

Die Dame von Warner versorgt mich zum Glück auch immer wieder mit Tickets für Kinopremieren – ein gern geäußerter Wunsch.

Die Woche darauf lautete der beliebteste Wunsch: »Ich wünschte, ich könnte meine eigenen Klamotten schneidern«, also organisierte ich einen Nähkurs. Geleitet wurde er von jemandem, der den Wunsch bei uns auf der Seite gesehen hatte und liebenswerterweise seine Hilfe anbot. Es gab Pizza, Wein und seltsam geschnittene Gewänder.

Als einer der beliebtesten Wünsche monierte, dass die Medien sich zu wenig auf die positiven Dinge in der Welt fokussieren, bastelte ich ein Schild aus falschem Marmor mit einem höhnischen Text darauf, verkleidete mich als Bauarbeiter und brachte es am Seitenflügel der *Daily Mail* in der Kensington Road an. Es blieb eine ganze Stunde dort hängen, bevor es jemand bemerkte. Ihr findet es online, wenn ihr »Crowdwish« und »Daily Mail« in der Google-Bildersuche eingebt.

Als der Wunsch aufkam, »der Opfer von AirAsia-Flug 8501 zu gedenken«, dem grauenvollen Flugunglück in Borneo im Jahr 2014, tippte ich die Namen aller verstorbenen Passagiere ab, steckte den Zettel in eine Flasche, verschloss sie und warf sie zusammen mit einer kleinen Notiz in die Themse.

Ein anderes Mal sollte die Regierung davon abgehalten werden, die Dachspopulation zu dezimieren. Also verkleidete ich mich als Dachs und stellte mich mit einem lustigen Protestschild als traurige Ein-Mann-Demo vor das Parlamentsgebäude. Auch das findet man noch online.

Nachdem die Leute sich eine kleine Überraschung für Senioren gewünscht hatten, brachte ich übers Osterwochenende zusammen mit meiner Freundin 750 Narzissen, 40 Tulpen und 27 Ostereier in ein Seniorenheim in Cumbria und half dem Personal dabei, den großen Aufenthaltsraum zu dekorieren. Die Bewohner wirkten glücklich, aber auch leicht verdutzt.

Wünsche zugunsten der älteren Generation kommen relativ häufig vor. Nachdem eine ältere Dame überfallen worden war, ersetzte ich ihr die Handtasche mitsamt deren Inhalt und legte noch hundert Pfund obendrauf, weil der Wunsch geäußert wurde, dass man Senioren mit mehr Respekt behandelt.

Ein Mann wünschte sich seine eigene Hymne, weshalb ein mit mir befreundeter DJ einen Tag lang im Studio etwas Passendes für ihn komponierte. Das Ganze war echt ziemlich eingängig, ich habe den Text immer noch im Kopf (»Mike, yeah, he's amazing. Mike, yeah, he's fantastic...«).

Es gibt eine Menge Wünsche, die nach mehr Güte in der Welt verlangen. Und immer wenn das passiert, lasse ich »willkürliche Liebenswürdigkeit« walten, wie ich das nenne. So habe ich zum Beispiel die Einkäufe eines alten Ehepaars im Supermarkt nahe dem Haus meines Vaters bezahlt. In dem Einkaufswagen lagen ein großes Osterei, ganz hübsche Blumen, ein paar Flaschen Wein, jede Menge Obst und Gemüse und die üblichen Reinigungsmittel.

Oft sind politische Wünsche dabei oder solche, die Unzufriedenheit mit der Regierung ausdrücken. Einmal hieß es: »Ich wünschte, dass Landwirte, die Bananen anbauen, ordentlich dafür bezahlt werden«, also hinterließ ich eine Bananenkiste und eine spöttische Notiz im Amtssitz von Vince Cable, dem damaligen Wirtschaftsminister.

In einem ähnlichen Fall schickte ich dem Abgeordneten Ed Miliband eine Karte seines Wahlkreises, nachdem der Wunsch aufkam, dass Parlamentsmitglieder mehr Zeit mit ihren jeweiligen Wählern verbringen sollten. Dem jetzigen Labour-Vorsitzenden Jeremy Corbyn ließ ich zwei sehr schöne Hemden und Krawatten zukommen, weil sich die Leute beschwert hatten, er sei zu ungepflegt (danke übrigens an Nick Wheeler, den Besitzer von Charles Tyrwhitt Shirts). Ich könnte schwören, dass Corbyn sie bei Fragestunden im House of Commons getragen hat, aber ich kann mich auch täuschen. Ein anderes Mal schickte ich George Osborne einen luxuriös verpackten Tampon als Protest gegen eine Steuer auf weibliche Hygieneprodukte.

Ich ließ Plakate herstellen und verschenkte sie, damit die Anwohner sie in ihre Fenster hängen konnten, um gegen die Rechtspopulisten von der UKIP zu protestieren. Die kamen ziemlich gut an. Außerdem schickte ich einem rechtsextremen

Politiker eine Glitzerbombe (googelt doch mal »Ship your enemies glitter«, dann seht ihr, was ich meine).

Ich habe sogar Donald Trump geschrieben und ihn gefragt, was das mit seinem peinlichen »Locker Room Talk« sollte.

Hin und wieder erhielt ich auch so stumpfe materielle Wünsche wie »Ich wünsche mir einen Gutschein für Topshop« oder »Ich wünsche mir 100 Pfund«, woraufhin ich Schnitzeljagden inszenierte, bei denen die Leute Gutscheine oder Bargeld in Telefonzellen finden mussten.

Ein anderes Mal schickte ich Stephen Fry einen Kuchen – stellvertretend für den Ritterschlag, den sich viele für ihn gewünscht hatten. Ich nehme an, er wollte schon durch die bloße Annahme des Pakets seine Dankbarkeit zeigen. Wie er halt so ist.

Nachdem sich viele Menschen gewünscht hatten, die nigerianische Regierung würde mehr für die von der terroristischen Gruppierung Boko Haram gekidnappten Schulmädchen tun, klebte ich 180 Post-its an die Eingangstür des nigerianischen Hochkommissariats, jedes mit dem Namen eines der vermissten Mädchen darauf.

Zudem konnte ich mal die Beschilderung in der iranischen Botschaft so verändern, dass man schon beim Eintreten auf den schrecklichen Umgang mit Menschenrechten in Iran hingewiesen wurde. Allerdings ertönte kurz darauf eine Furcht einflößende Durchsage, und ich ergriff blitzschnell die Flucht.

Okay, um mal ein bisschen Gas zu geben, hier ein Schnelldurchlauf. Aufgrund von entsprechenden Wünschen habe ich Geld für ein behindertes Mädchen gesammelt, das damit ein spezielles motorisiertes Dreirad kaufen konnte, ich habe einem jungen Mann Blumen für eine Beerdigung besorgt, Menschen über Trennungen hinweggeholfen, einem Hund Hackfleischkuchen geschickt, Blumen vor der israelischen Botschaft niedergelegt, Mützen und Handschuhe an Obdachlose verteilt, sensorisches Spielzeug an autistische Kinder verschickt, Make-up, iPhone-Ladegeräte, Weihnachtsdeko, Maca-Pulver, Bettzeug, heißes Wasser in Flaschen, Bücher über Innendesign, gesunde Snacks, Friedensamulette, Sticker gegen Rassismus und Nähzeug verschenkt, einen Wettbewerb für angehende Wahrsager organisiert, einen Baum in einer heruntergekommenen Gegend gepflanzt, Blumen zum Gedenken an die Opfer der Pariser Terrorangriffe vom 13.11.2015 hinterlassen, einem Linkshänder-Kind mehr Selbstvertrauen vermittelt, Betroffenen einer Hirnhautentzündung Poster und T-Shirts geschenkt, alleinstehende Menschen besucht, Leuten geholfen, sich bei jemandem zu bedanken, in dessen tiefer Schuld sie stehen, Anti-Mobbing-Sticker verschickt, günstige iPhones und MacBooks aufgetrieben, Leuten ihre Weltreise mitfinanziert, Dutzende von Waschlotionen an Menschen mit Hautproblemen verschickt, Schilder gegen Hundekot aufgestellt, Menschen zu Blind Dates und Lebenshilfekursen geschickt, einer Frau dabei geholfen, die Asche ihres Freundes in die Sahara zu transportieren, Lebensläufe überarbeitet, jemanden in einem Büro zur Mittagszeit mit Burgern überrascht, jemandem einen guten Haarschnitt spendiert, ein Carepaket in ein Flüchtlingscamp in Calais geschickt, ein Schild in der Londoner U-Bahn manipuliert, damit die Passanten was zu lachen hatten, Leuten, die von ihrem Vermieter schikaniert wurden, dabei geholfen, eine neue Wohnung zu finden, einen günstigen Personal Trainer aufgetrieben, Menschen mit Angstzuständen geholfen, Menschen, die sich nicht zu lächeln trauten, Zahnweiß-Gel geschickt, Lottoscheine in ganz London verteilt, einem Typen in Südafrika Tickets für Russell Brand besorgt, jemandem einen Flug zum Polarlicht gebucht, einen erschwinglichen Yoga-Retreat für jemanden aufgetan, einer Frau namens Gabby eine supergeile wasserdichte HD-Kamera geschickt, Leuten beim Erstellen ihrer Website geholfen, einem Paar die Hochzeitssuite für eine Nacht bezahlt, Autoaufkleber für sicheres Fahren drucken lassen, Blumen und Schokolade anonym vor die Wohnung einer alleinstehenden älteren Person gelegt, eine wunderschöne, zwölf Jahre alte Hündin namens Bella besucht (die mit ihrem obdachlosen Herrchen in London wohnt) und sie auf zahlreiche Leckerlis eingeladen, einem Studenten was zur Studiengebühr beigesteuert, jemanden in den Backstage-Bereich des Royal Ballet in London gebracht, mitgeholfen, einen Garten an die Bedürfnisse einer schwerbehinderten Person anzupassen, Carepakete an chronische Schmerzpatienten und Ratgeber gegen Depression verschickt, Essen an Obdachlosenheime und Armentafeln ausgeliefert, jemandem ein Set für den perfekten freien Tag geschickt (samt hochwertigem Muskelbad für ein entspanntes Badevergnügen, zwei Büchern, einer DVD mit den besten Manchester-United-Toren und ein paar Pralinen), die Bewohner eines Seniorenheims unterhalten, einem kleinen Mädchen namens Lily zwei Reitstunden spendiert, ein paar bewundernswerten freiwilligen Helfern die nötige Anerkennung verschafft, jemandem einen Tagespass für Disney World in Florida besorgt, jemandem geholfen, einen der Beatles zu treffen, Kinogutscheine und passende Süßigkeiten verschickt, die Thesen der Stoiker versendet, jemandem, der das unbedingt wollte, ein Poster von Caitlyn Jenner geschickt, einem kleinen Jungen namens Tommy *Star Wars*-Spielzeug gekauft, feministische Buttons verschickt, mich bei Eltern mit fünfzig handgeschriebenen Karten im Namen ihrer Tochter für alles, was die beiden für sie getan haben, bedankt, ein persönliches Finanzseminar auf die Beine gestellt, Kinder mit Leseschwäche unterstützt, einem ungeduldigen Vater unter die Arme gegriffen, Menschen tragbare Aschenbecher zukommen lassen, Tickets für das Musikfestival *Secret Garden Party* verschickt, Narzissen für die Liebsten ausgelegt, es jemandem ermöglicht, einen Babyelefanten zu knuddeln, Tickets für das Finale der US-Version von *The Voice* aufgetrieben, im Regen Regenschirme verteilt, wunderschöne abwaschbare Tätowierungen verschenkt, einem sehr kranken Jungen namens Denver eine unglaubliche Menge an Geburtstagskarten zukommen lassen, jemanden nach einer schweren Phase mit Blumen aufgeheitert, jemandem Hilfe beim Entrümpeln seiner Wohnung angeboten, ein witziges Protestschild gegen überhebliche Verkäuferinnen in der Make-up-Abteilung bei Harrods angebracht, für ein Mietauto bezahlt und damit einen Roadtrip ermöglicht, einem gewissen Pete ein Polaroid mit der Unterschrift von Eddie Vedder von Pearl Jam geschickt und noch so viel mehr Dinge getan, für die euch jetzt vermutlich die Geduld fehlt.

Das mag alles nicht gerade bescheiden klingen, frei nach dem Motto: »Guck mal, was ich alles gemacht habe, bla bla …« Aber so ist es wirklich nicht gemeint – über die Website wurden Hunderte Aktionen losgetreten, über die nie berichtet wurde. Ich erwähne es nur deshalb, weil ich wie gesagt oft gefragt wurde und euch damit das Lesen der ganzen alten Blog-Posts erspare.

Fazit: Das Crowdwish-Projekt geht weiter. Alle 24 Stunden wird auf einen Wunsch reagiert, genau wie die letzten 1.400 Tage.

Ihr könnt die App im App Store runterladen oder uns auf www.crowdwish.com besuchen. Das Wunsch-Archiv findet ihr unter blog.crowdwish.com/archive.

Haut rein!

Danksagung

Ich schulde so vielen Leuten Dank. Zuallererst meinen fantastischen Lektoren bei Constable, Andreas Campomar und Claire Chesser, ohne deren Elan und Unterstützung dieses Buch noch immer auf derselben Entwicklungsstufe stünde wie die meisten Bücher (vages Konzept, viel diskutiert, nie umgesetzt); meiner Agentin Rachel Mills bei Furniss Lawton/James Grant, die absolut großartig war und einen hinreißenden Undercut trägt; Liane-Louise Smith von James Grant und Alexandra Cliff von Peters Fraser + Dunlop, die sich um die Auslandsrechte gekümmert haben; Howard Wilson für seine Hilfsbereitschaft und sein brillantes Copy Editing; Sean Garrhey und Chris Harman, die in Sachen Umschlagdesign Unglaubliches geleistet haben; Bianca London für das Recycling der Abfallprodukte; Kathy Marr für ihre Sorgfalt, Gewissenhaftigkeit und ihr Verständnis; Julia Parker für ihre überaus gewinnbringenden Vorschläge; Phil Roberts für seine anhaltende Begeisterung und seine genialen Ideen bezüglich des TV-Konzepts; Al Edgington von Condé Nast in Los Angeles, dafür, dass er an die Show glaubt und alles in seiner Macht stehende tut, um sie zu verwirklichen; Ben Bilboul für seine vorbehaltlose Gastfreundschaft und den Verzicht auf die Frage, was ich nach all der Zeit noch in seinem Büro zu suchen hätte; Kathryn Coster und all die vielen, vielen Leute, die Crowdwish vom ersten Tag an unterstützt haben; meinem Vater, dessen Liebe und Unterstützung unerschöpflich zu sein scheinen; seiner ganz besonderen Freundin Judith für ihre vertrauliche Einschätzung, das Buch werde »direkt auf den Ramschtisch wandern« (also, liebe Leser, falls ihr es von dort habt, wisst ihr jetzt, dass Judith recht hatte.); meinen wunderschönen Töchtern für ihre Nachsicht, wenn ich Langweiler wieder mal vor meinem Laptop kauerte, statt ihnen meine volle Aufmerksamkeit zu widmen; und meiner wundervollen

Freundin Wu-Tang – »I only wanna see the light that shines behind your eyes.«